# Hypothécaires

## Tableaux des paiements mensuels

Édition :
### Édutile inc.

Avec l'autorisation de 91439 Canada Ltée.
ISBN 2-89074-482-5

Distribution :
### J.D.M. Géo inc.
### Tél.: (514) 956-8505

Dépôt légal :
Bibliothèque nationale du Canada
Bibliothèque nationale du Québec
3ième trimestre 1995

Conception de la couverture :
Petra Z. Biesheuvel

Imprimé au Canada

# Prêts Hypothécaires
## Tableaux des paiements mensuels

### Comment utiliser les tableaux :

Les tableaux de ce livre indiquent les paiements mensuels à effectuer pour amortir une hypothèque avec intérêts composés, semestriellement selon la méthode utilisée par la plupart des banques. L'utilisation de la méthode à intérêts composés est basée, pour le calcul de l'intérêt, sur des périodes de temps fixes, même si ces périodes varient entre chaque paiement. Ce petit guide peut vous aider lorsque vous voudrez trouver le montant à débourser, mensuellement, lors de votre remboursement de l'hypothèque.

Le méthode employée, pour trouver le paiement requis pour rembourser mensuellement votre prêt hypothécaire est d'une grande simplicité. Il vous suffit de chercher, à l'aide des tableaux basés sur les pourcentages d'intérêts, le montant dû mensuellement, selon la durée du prêt (en année). Ainsi, si vous voulez connaître sur un montant de **1,000$** pour une durée de prêt de 1 an, le paiement requis pour rembourser mensuellement votre prêt hypothécaire, à un taux d'intérêt de **14%**, il vous suffit de chercher dans le tableau des «14%», la ligne horizontale marquée «MONTANT» . À l'endroit où elle croise, dans les colonnes qui indiquent «la durée du prêt», celle marquée 1 (an) vous avez le montant du paiement correspondant, soit **89.60$.**

Les taux entre 5 et 14% sont présentés avec des subdivisions de 1/4, 1/2 et 3/4%. Ceux entre 15 et 19% sont divisés en 1/2%, tandis que de 20 à 25%, seuls les entiers sont considérés.

Les montants débutent à 500$ pour se continuer de 1,000$ en 1,000$ jusqu'à 10,000$, et puis de 5,000$ en 5,000$ jusqu'à 50,000$, et enfin de 10,000$ en 10,000$ jusqu'à 100,000$.

Pour calculer un paiement qui n'apparaît pas dans les tableaux, il suffit d'utiliser certains des montants pour arriver à composer le chiffre recherché.

Prenons, par exemple, un montant de **47,500$, à un taux d'intérêt de 14% pour une durée de 20 ans.** Il suffit d'additionner le montant dû pour **45,000$**, plus le montant dû pour **2,000$ plus le montant dû pour 500$** ce qui donne :

$$546.83\$ + 24.30\$ + 6.08\$ = 577.21\$$$

De même, pour des montants inférieurs aux chiffres donnés, il suffit de décaler la virgule, pour un multiple de dix, d'un chiffre vers la gauche ce qui donne :

**pour 1,000$ à 14%**          23.07$ pour cinq ans
**pour   100$ à 14%**          2.31$ pour cinq ans

D'autre part, pour un montant composé inférieur à **500$, 320$ par exemple** il suffit de prendre le montant correspondant à dix fois le nombre considéré (**3,200$, dans notre exemple**), c'est-à-dire son multiple de dix, pour autant que ce nombre soit supérieur à **500$**, puis de décaler d'un chiffre vers la gauche (ou de deux selon le cas) ce qui donne :

**Pour 3,200$ à 14%**

     - Pour 3,000$ à 14% = **268.81$** +
     - Pour 200$, nous prenons 2 000$ = **179.21$**
       décalé à **17.92$**

**Donc,**

         **268.81$ + 17.92$ = 286.73$ pour un an,**
         **et 320.00$ à 14% = 28.67$ pour un an.**

## durée du prêt (en années)

| MONTANT | 1 | 2 | 3 | 4 | 5 | 10 |
|---|---|---|---|---|---|---|
| 500 | 42.79 | 21.92 | 14.97 | 11.50 | 9.42 | 5.29 |
| 1 000 | 85.58 | 43.85 | 29.95 | 23.01 | 18.85 | 10.58 |
| 2 000 | 171.17 | 87.70 | 59.90 | 46.01 | 37.70 | 21.16 |
| 3 000 | 256.75 | 131.55 | 89.84 | 69.02 | 56.54 | 31.74 |
| 4 000 | 342.34 | 175.39 | 119.79 | 92.02 | 75.39 | 42.33 |
| 5 000 | 427.92 | 219.24 | 149.74 | 115.03 | 94.24 | 52.91 |
| 6 000 | 513.50 | 263.09 | 179.69 | 138.04 | 113.09 | 63.49 |
| 7 000 | 599.09 | 306.94 | 209.64 | 161.04 | 131.93 | 74.07 |
| 8 000 | 684.67 | 350.79 | 239.58 | 184.05 | 150.78 | 84.65 |
| 9 000 | 770.26 | 394.64 | 269.53 | 207.05 | 169.63 | 95.23 |
| 10 000 | 855.84 | 438.48 | 299.48 | 230.06 | 188.48 | 105.81 |
| 15 000 | 1,283.76 | 657.73 | 449.22 | 345.09 | 282.72 | 158.72 |
| 20 000 | 1,711.68 | 876.97 | 598.96 | 460.12 | 376.95 | 211.63 |
| 25 000 | 2,139.60 | 1,096.21 | 748.70 | 575.15 | 471.19 | 264.54 |
| 30 000 | 2,567.52 | 1,315.45 | 898.44 | 690.18 | 565.43 | 317.44 |
| 35 000 | 2,995.44 | 1,534.69 | 1,048.18 | 805.21 | 659.67 | 370.35 |
| 40 000 | 3,423.36 | 1.753.93 | 1,197.91 | 920.24 | 753.91 | 423.26 |
| 45 000 | 3,851.28 | 1,973.18 | 1,347.65 | 1,035.27 | 848.15 | 476.17 |
| 50 000 | 4,279.20 | 2,192.42 | 1,497.39 | 1,150.30 | 942.39 | 529.07 |
| 60 000 | 5,135.04 | 2,630.90 | 1,796.87 | 1,380.36 | 1,130.86 | 634.89 |
| 70 000 | 5,990.88 | 3,069.39 | 2,096.35 | 1,610.42 | 1,319.34 | 740.70 |
| 80 000 | 6,846.71 | 3,507.87 | 2,395.83 | 1,840.49 | 1,507.81 | 846.52 |
| 90 000 | 7,702.56 | 3,946.36 | 2,695.30 | 2,070.55 | 1,696.30 | 952.33 |
| 100 000 | 8,558.40 | 4,384.84 | 2,994.79 | 2,300.61 | 1,884.77 | 1,058.15 |

# PAIEMENTS MENSUELS                    5 %

## durée du prêt (en années)

| MONTANT | 15 | 20 | 25 | 30 | 35 | 40 |
|---|---|---|---|---|---|---|
| 500 | 3.94 | 3.29 | 2.91 | 2.67 | 2.51 | 2.39 |
| 1 000 | 7.88 | 6.57 | 5.82 | 5.34 | 5.01 | 4.79 |
| 2 000 | 15.76 | 13.14 | 11.63 | 10.67 | 10.03 | 9.58 |
| 3 000 | 23.64 | 19.71 | 17.45 | 16.01 | 15.04 | 14.36 |
| 4 000 | 31.52 | 26.29 | 23.26 | 21.35 | 20.06 | 19.15 |
| 5 000 | 39.41 | 32.86 | 29.08 | 26.68 | 25.07 | 23.94 |
| 6 000 | 47.29 | 39.43 | 34.90 | 32.02 | 30.09 | 28.73 |
| 7 000 | 55.17 | 46.00 | 40.71 | 37.36 | 35.10 | 33.52 |
| 8 000 | 63.05 | 52.57 | 46.53 | 42.70 | 40.11 | 38.30 |
| 9 000 | 70.93 | 59.14 | 52.34 | 48.03 | 45.13 | 43.09 |
| 10 000 | 78.81 | 65.71 | 58.16 | 53.37 | 50.14 | 47.88 |
| 15 000 | 118.22 | 98.57 | 87.24 | 80.05 | 75.21 | 71.82 |
| 20 000 | 157.62 | 131.43 | 116.32 | 106.74 | 100.28 | 95.76 |
| 25 000 | 197.03 | 164.28 | 145.40 | 133.42 | 125.36 | 119.70 |
| 30 000 | 236.44 | 197.14 | 174.48 | 160.11 | 150.43 | 143.64 |
| 35 000 | 275.84 | 229.99 | 203.56 | 186.79 | 175.50 | 167.58 |
| 40 000 | 315.25 | 262.85 | 232.64 | 213.48 | 200.57 | 191.52 |
| 45 000 | 354.66 | 295.71 | 261.72 | 240.16 | 225.64 | 215.46 |
| 50 000 | 394.06 | 328.56 | 290.80 | 266.85 | 250.71 | 239.40 |
| 60 000 | 472.87 | 394.28 | 348.96 | 320.21 | 300.85 | 287.28 |
| 70 000 | 551.69 | 459.99 | 407.12 | 373.58 | 350.99 | 335.16 |
| 80 000 | 630.50 | 525.70 | 465.28 | 426.95 | 401.14 | 383.04 |
| 90 000 | 709.31 | 591.41 | 523.44 | 480.32 | 451.28 | 430.92 |
| 100 000 | 788.12 | 657.13 | 581.60 | 533.69 | 501.42 | 478.80 |

## durée du prêt (en années)

| MONTANT | 1 | 2 | 3 | 4 | 5 | 10 |
|---|---|---|---|---|---|---|
| 500 | 42.85 | 21.98 | 15.03 | 11.56 | 9.48 | 5.35 |
| 1 000 | 85.70 | 43.96 | 30.06 | 23.12 | 18.96 | 10.70 |
| 2 000 | 171.39 | 87.92 | 60.12 | 46.23 | 37.92 | 21.40 |
| 3 000 | 257.09 | 131.87 | 90.17 | 69.35 | 56.88 | 32.10 |
| 4 000 | 342.78 | 175.83 | 120.23 | 92.47 | 75.84 | 42.81 |
| 5 000 | 428.48 | 219.79 | 150.29 | 115.59 | 94.80 | 53.51 |
| 6 000 | 514.18 | 263.75 | 180.35 | 138.70 | 113.76 | 64.21 |
| 7 000 | 599.87 | 307.71 | 210.40 | 161.82 | 132.72 | 74.91 |
| 8 000 | 685.57 | 351.66 | 240.46 | 184.94 | 151.68 | 85.61 |
| 9 000 | 771.27 | 395.62 | 270.52 | 208.05 | 170.64 | 96.31 |
| 10 000 | 856.96 | 439.58 | 300.58 | 231.17 | 189.60 | 107.01 |
| 15 000 | 1,285.44 | 659.37 | 450.87 | 346.76 | 284.40 | 160.52 |
| 20 000 | 1,713.92 | 879.16 | 601.16 | 462.34 | 379.20 | 214.03 |
| 25 000 | 2,142.40 | 1,098.95 | 751.45 | 577.93 | 474.00 | 267.53 |
| 30 000 | 2,570.88 | 1,318.74 | 901.74 | 693.51 | 568.80 | 321.04 |
| 35 000 | 2,999.37 | 1,538.53 | 1,052.02 | 809.10 | 663.60 | 374.55 |
| 40 000 | 3,427.85 | 1,758.32 | 1,202.31 | 924.68 | 758.40 | 428.06 |
| 45 000 | 3,856.33 | 1,978.11 | 1,352.60 | 1,040.27 | 853.20 | 481.56 |
| 50 000 | 4,284.81 | 2,197.90 | 1,502.89 | 1,155.85 | 948.00 | 535.07 |
| 60 000 | 5,141.77 | 2,637.49 | 1,803.47 | 1,387.02 | 1,137.60 | 642.08 |
| 70 000 | 5,998.73 | 3,077.07 | 2,104.05 | 1,618.19 | 1,327.20 | 749.10 |
| 80 000 | 6,855.69 | 3,516.65 | 2,404.63 | 1,849.36 | 1,516.80 | 856.11 |
| 90 000 | 7,712.66 | 3,956.23 | 2,705.21 | 2,080.53 | 1,706.40 | 963.12 |
| 100 000 | 8,569.62 | 4,395.81 | 3,005.78 | 2,311.70 | 1,896.00 | 1,070.14 |

## durée du prêt (en années)

| MONTANT | 15 | 20 | 25 | 30 | 35 | 40 |
|---:|---:|---:|---:|---:|---:|---:|
| 500 | 4.00 | 3.35 | 2.98 | 2.74 | 2.59 | 2.48 |
| 1 000 | 8.01 | 6.71 | 5.96 | 5.49 | 5.17 | 4.95 |
| 2 000 | 16.01 | 13.41 | 11.92 | 10.97 | 10.34 | 9.90 |
| 3 000 | 24.03 | 20.12 | 17.88 | 16.46 | 15.51 | 14.85 |
| 4 000 | 32.04 | 26.83 | 23.84 | 21.95 | 20.68 | 19.80 |
| 5 000 | 40.05 | 33.53 | 29.80 | 27.44 | 25.85 | 24.75 |
| 6 000 | 48.05 | 40.24 | 35.76 | 32.92 | 31.03 | 29.70 |
| 7 000 | 56.06 | 46.95 | 41.71 | 38.41 | 36.20 | 34.66 |
| 8 000 | 64.07 | 53.66 | 47.67 | 43.90 | 41.37 | 39.61 |
| 9 000 | 72.08 | 60.36 | 53.63 | 49.38 | 46.53 | 44.56 |
| 10 000 | 80.09 | 67.06 | 59.59 | 54.87 | 51.70 | 49.50 |
| 15 000 | 120.13 | 100.60 | 89.39 | 82.31 | 77.56 | 74.26 |
| 20 000 | 160.18 | 134.14 | 119.18 | 109.74 | 103.42 | 99.02 |
| 25 000 | 200.23 | 167.67 | 148.97 | 137.18 | 129.27 | 123.77 |
| 30 000 | 240.27 | 201.20 | 178.78 | 164.61 | 155.12 | 148.52 |
| 35 000 | 280.32 | 234.74 | 208.57 | 192.05 | 180.98 | 173.28 |
| 40 000 | 320.36 | 268.28 | 238.37 | 219.48 | 206.84 | 198.03 |
| 45 000 | 360.41 | 301.81 | 268.16 | 246.92 | 232.69 | 222.79 |
| 50 000 | 400.45 | 335.35 | 297.96 | 274.35 | 258.55 | 247.54 |
| 60 000 | 480.55 | 402.41 | 357.55 | 329.22 | 310.26 | 297.05 |
| 70 000 | 560.64 | 469.48 | 417.14 | 384.10 | 361.97 | 346.56 |
| 80 000 | 640.73 | 536.55 | 476.74 | 438.97 | 413.68 | 396.06 |
| 90 000 | 720.82 | 603.62 | 536.33 | 493.84 | 465.38 | 445.57 |
| 100 000 | 800.91 | 670.69 | 595.92 | 548.71 | 517.09 | 495.08 |

# 5 ½ %    PAIEMENTS MENSUELS

## durée du prêt (en années)

| MONTANT | 1 | 2 | 3 | 4 | 5 | 10 |
|---|---|---|---|---|---|---|
| 500 | 42.90 | 22.03 | 15.08 | 11.61 | 9.54 | 5.41 |
| 1 000 | 85.81 | 44.07 | 30.17 | 23.23 | 19.07 | 10.82 |
| 2 000 | 171.62 | 88.14 | 60.34 | 46.46 | 38.15 | 21.64 |
| 3 000 | 257.43 | 132.20 | 90.50 | 69.68 | 57.22 | 32.47 |
| 4 000 | 343.23 | 176.27 | 120.67 | 92.91 | 76.29 | 43.29 |
| 5 000 | 429.04 | 220.34 | 150.84 | 116.14 | 95.36 | 54.11 |
| 6 000 | 514.85 | 264.41 | 181.01 | 139.37 | 114.44 | 64.93 |
| 7 000 | 600.66 | 308.47 | 211.18 | 162.60 | 133.51 | 75.75 |
| 8 000 | 686.47 | 352.54 | 241.34 | 185.83 | 152.58 | 86.58 |
| 9 000 | 772.28 | 396.61 | 271.51 | 209.05 | 171.65 | 97.40 |
| 10 000 | 858.08 | 440.60 | 301.68 | 232.28 | 190.73 | 108.22 |
| 15 000 | 1,287.13 | 661.02 | 452.52 | 348.42 | 286.09 | 162.33 |
| 20 000 | 1,716.17 | 881.36 | 603.36 | 464.56 | 381.45 | 216.44 |
| 25 000 | 2,145.21 | 1,101.70 | 754.20 | 580.71 | 476.81 | 270.55 |
| 30 000 | 2,574.25 | 1,322.03 | 905.04 | 696.85 | 572.18 | 324.66 |
| 35 000 | 3,003.29 | 1,542.37 | 1,055.88 | 812.99 | 667.54 | 378.77 |
| 40 000 | 3,432.33 | 1,762.71 | 1,206.72 | 929.13 | 762.90 | 432.88 |
| 45 000 | 3,861.37 | 1,983.05 | 1,357.55 | 1,045.27 | 858.26 | 486.99 |
| 50 000 | 4,290.41 | 2,203.39 | 1,508.40 | 1,161.42 | 953.63 | 541.10 |
| 60 000 | 5,148.50 | 2,644.07 | 1,810.08 | 1,393.69 | 1,144.35 | 649.32 |
| 70 000 | 6,006.58 | 3,084.75 | 2,111.76 | 1,625.98 | 1335.08 | 757.54 |
| 80 000 | 6,864.67 | 3,525.43 | 2,413.44 | 1,858.26 | 1,525.81 | 865.76 |
| 90 000 | 7,722.75 | 3,966.10 | 2,715.11 | 2,090.54 | 1,716.53 | 973.97 |
| 100 000 | 8,580.83 | 4,406.78 | 3,016.79 | 2,322.82 | 1,907.26 | 1,082.19 |

## durée du prêt (en années)

| MONTANT | 15 | 20 | 25 | 30 | 35 | 40 |
|---|---|---|---|---|---|---|
| 500 | 4.07 | 3.42 | 3.05 | 2.81 | 2.66 | 2.56 |
| 1 000 | 8.14 | 6.84 | 6.10 | 5.64 | 5.33 | 5.16 |
| 2 000 | 16.28 | 13.69 | 12.21 | 11.28 | 10.66 | 10.23 |
| 3 000 | 24.41 | 20.53 | 18.31 | 16.92 | 15.99 | 15.35 |
| 4 000 | 32.55 | 27.38 | 24.42 | 22.56 | 21.32 | 20.46 |
| 5 000 | 40.69 | 34.22 | 30.52 | 28.20 | 26.65 | 25.58 |
| 6 000 | 48.83 | 41.06 | 36.62 | 33.83 | 31.98 | 30.69 |
| 7 000 | 56.96 | 47.91 | 42.70 | 39.47 | 37.31 | 35.81 |
| 8 000 | 65.10 | 54.75 | 48.83 | 45.11 | 42.64 | 40.92 |
| 9 000 | 73.24 | 61.60 | 54.94 | 50.75 | 47.97 | 46.04 |
| 10 000 | 81.38 | 68.44 | 61.04 | 56.39 | 53.30 | 51.16 |
| 15 000 | 122.07 | 102.66 | 91.56 | 84.59 | 79.94 | 76.73 |
| 20 000 | 162.76 | 136.88 | 122.08 | 112.78 | 106.59 | 102.31 |
| 25 000 | 203.45 | 171.09 | 152.60 | 140.98 | 133.24 | 127.89 |
| 30 000 | 244.14 | 205.32 | 183.12 | 169.17 | 159.89 | 153.47 |
| 35 000 | 284.83 | 239.54 | 213.64 | 197.37 | 186.54 | 179.05 |
| 40 000 | 325.52 | 273.76 | 244.16 | 225.56 | 213.18 | 204.62 |
| 45 000 | 366.21 | 307.98 | 274.68 | 253.76 | 239.83 | 230.20 |
| 50 000 | 406.90 | 342.20 | 305.20 | 281.95 | 266.48 | 255.78 |
| 60 000 | 488.28 | 410.63 | 366.23 | 338.34 | 319.78 | 306.94 |
| 70 000 | 569.66 | 479.07 | 427.27 | 394.73 | 373.07 | 358.09 |
| 80 000 | 651.04 | 547.51 | 488.31 | 451.13 | 426.37 | 409.25 |
| 90 000 | 732.42 | 615.95 | 549.35 | 507.52 | 479.67 | 460.40 |
| 100 000 | 813.80 | 684.39 | 610.39 | 563.91 | 532.96 | 511.56 |

## durée du prêt (en années)

| MONTANT | 1 | 2 | 3 | 4 | 5 | 10 |
|---|---|---|---|---|---|---|
| 500 | 42.96 | 22.09 | 15.14 | 11.67 | 9.59 | 5.47 |
| 1 000 | 85.92 | 44.18 | 30.28 | 23.34 | 19.19 | 10.94 |
| 2 000 | 171.84 | 88.36 | 60.57 | 46.68 | 38.37 | 21.89 |
| 3 000 | 257.76 | 132.53 | 90.83 | 70.02 | 57.56 | 32.83 |
| 4 000 | 343.68 | 176.71 | 121.11 | 93.36 | 76.74 | 43.77 |
| 5 000 | 429.60 | 220.89 | 151.39 | 116.70 | 95.93 | 54.72 |
| 6 000 | 515.52 | 265.07 | 181.67 | 140.04 | 115.11 | 65.66 |
| 7 000 | 601.44 | 309.24 | 211.95 | 163.38 | 134.30 | 76.60 |
| 8 000 | 687.36 | 353.42 | 242.22 | 186.71 | 153.48 | 87.55 |
| 9 000 | 773.28 | 397.60 | 272.50 | 210.06 | 172.67 | 98.49 |
| 10 000 | 859.20 | 441.78 | 302.78 | 233.40 | 191.85 | 109.43 |
| 15 000 | 1,288.80 | 662.66 | 454.17 | 350.09 | 287.78 | 164.14 |
| 20 000 | 1,718.41 | 883.55 | 605.56 | 466.79 | 383.71 | 218.86 |
| 25 000 | 2,148.01 | 1,104.44 | 756.95 | 583.49 | 479.64 | 273.58 |
| 30 000 | 2,577.61 | 1,325.33 | 908.35 | 700.19 | 575.56 | 328.30 |
| 35 000 | 3,007.22 | 1,546.22 | 1,059.74 | 816.89 | 671.49 | 383.01 |
| 40 000 | 3,436.82 | 1,767.10 | 1,211.13 | 933.59 | 767.42 | 437.73 |
| 45 000 | 3,866.42 | 1,987.99 | 1,362.52 | 1,050.28 | 863.34 | 492.44 |
| 50 000 | 4,296.02 | 2,208.88 | 1,513.91 | 1,166.98 | 959.27 | 547.16 |
| 60 000 | 5,155.23 | 2,650.66 | 1,816.69 | 1,400.38 | 1,151.13 | 656.59 |
| 70 000 | 6,014.43 | 3,092.43 | 2,119.47 | 1,633.77 | 1,342.98 | 766.02 |
| 80 000 | 6,873.64 | 3,534.21 | 2,422.26 | 1,867.17 | 1,534.83 | 875.45 |
| 90 000 | 7,732.84 | 3,975.98 | 2,725.04 | 2,100.57 | 1,726.69 | 984.89 |
| 100 000 | 8,592.04 | 4,417.76 | 3,027.82 | 2,333.96 | 1,918.54 | 1,094.32 |

# PAIEMENTS MENSUELS 5¾ %

## durée du prêt (en années)

| MONTANT | 15 | 20 | 25 | 30 | 35 | 40 |
|---|---|---|---|---|---|---|
| 500 | 4.13 | 3.49 | 3.13 | 2.90 | 2.75 | 2.64 |
| 1 000 | 8.27 | 6.98 | 6.25 | 5.79 | 5.49 | 5.28 |
| 2 000 | 16.54 | 13.96 | 12.50 | 11.59 | 10.98 | 10.56 |
| 3 000 | 24.80 | 20.95 | 18.75 | 17.38 | 16.47 | 15.85 |
| 4 000 | 33.07 | 27.93 | 25.00 | 23.17 | 21.96 | 21.13 |
| 5 000 | 41.34 | 34.91 | 31.25 | 28.96 | 27.45 | 26.41 |
| 6 000 | 49.61 | 41.89 | 37.50 | 34.76 | 32.94 | 31.69 |
| 7 000 | 57.88 | 48.88 | 43.75 | 40.55 | 38.44 | 36.98 |
| 8 000 | 66.14 | 55.86 | 50.00 | 46.34 | 43.92 | 42.26 |
| 9 000 | 74.41 | 62.84 | 56.25 | 52.14 | 49.41 | 47.54 |
| 10 000 | 82.68 | 69.82 | 62.50 | 57.93 | 54.90 | 52.82 |
| 15 000 | 124.02 | 104.73 | 93.75 | 86.89 | 82.35 | 79.23 |
| 20 000 | 165.36 | 139.64 | 125.00 | 115.86 | 109.80 | 105.65 |
| 25 000 | 206.70 | 174.56 | 156.26 | 144.82 | 137.25 | 132.06 |
| 30 000 | 248.04 | 209.47 | 187.51 | 173.78 | 164.70 | 158.47 |
| 35 000 | 289.38 | 244.38 | 218.76 | 202.75 | 192.16 | 184.88 |
| 40 000 | 330.72 | 279.29 | 250.01 | 231.71 | 219.61 | 211.29 |
| 45 000 | 372.06 | 314.20 | 281.26 | 260.68 | 247.06 | 237.70 |
| 50 000 | 413.39 | 349.11 | 312.51 | 289.64 | 274.51 | 264.16 |
| 60 000 | 496.07 | 418.93 | 375.01 | 347.57 | 329.41 | 316.94 |
| 70 000 | 578.75 | 488.76 | 437.51 | 405.50 | 384.31 | 369.76 |
| 80 000 | 661.43 | 558.58 | 500.02 | 463.42 | 439.21 | 422.59 |
| 90 000 | 744.11 | 628.40 | 562.52 | 521.35 | 494.11 | 475.41 |
| 100 000 | 826.79 | 698.22 | 625.02 | 579.28 | 549.02 | 528.23 |

## durée du prêt (en années)

| MONTANT | 1 | 2 | 3 | 4 | 5 | 10 |
|---|---|---|---|---|---|---|
| 500 | 43.02 | 22.14 | 15.19 | 11.73 | 9.65 | 5.53 |
| 1 000 | 86.03 | 44.29 | 30.39 | 23.45 | 19.30 | 11.07 |
| 2 000 | 172.07 | 88.57 | 60.78 | 46.90 | 38.60 | 22.13 |
| 3 000 | 258.10 | 132.86 | 91.17 | 70.35 | 57.90 | 33.20 |
| 4 000 | 344.13 | 177.15 | 121.55 | 93.81 | 77.19 | 44.26 |
| 5 000 | 430.16 | 221.44 | 151.94 | 117.26 | 96.49 | 55.33 |
| 6 000 | 516.20 | 265.72 | 182.33 | 140.71 | 115.79 | 66.39 |
| 7 000 | 602.23 | 310.01 | 212.72 | 164.16 | 135.09 | 77.46 |
| 8 000 | 688.26 | 354.30 | 243.11 | 187.61 | 154.39 | 88.52 |
| 9 000 | 774.29 | 398.59 | 273.50 | 211.06 | 173.69 | 99.56 |
| 10 000 | 860.33 | 442.87 | 303.89 | 234.51 | 192.99 | 110.65 |
| 15 000 | 1,290.49 | 664.31 | 455.83 | 351.77 | 289.48 | 165.98 |
| 20 000 | 1,720.65 | 885.75 | 607.77 | 469.03 | 385.97 | 221.30 |
| 25 000 | 2,150.81 | 1,107.19 | 759.71 | 586.28 | 482.46 | 276.63 |
| 30 000 | 2,580.98 | 1,328.62 | 911.66 | 703.54 | 578.96 | 331.95 |
| 35 000 | 3,011.14 | 1,550.06 | 1,063.60 | 820.79 | 675.45 | 387.28 |
| 40 000 | 3,441.30 | 1,771.50 | 1,215.55 | 938.05 | 771.94 | 442.60 |
| 45 000 | 3,871.47 | 1,992.93 | 1,367.49 | 1,055.31 | 868.44 | 497.93 |
| 50 000 | 4,301.63 | 2,214.37 | 1,519.43 | 1,172.56 | 964.93 | 553.25 |
| 60 000 | 5,161.95 | 2,657.25 | 1,823.31 | 1,407.08 | 1,157.91 | 663.90 |
| 70 000 | 6,022.28 | 3,100.12 | 2,127.20 | 1,641.59 | 1,350.90 | 774.56 |
| 80 000 | 6,882.61 | 3,542.99 | 2,431.09 | 1,876.10 | 1,543.89 | 885.21 |
| 90 000 | 7,742.93 | 3,985.87 | 2,734.97 | 2,110.61 | 1,736.87 | 995.86 |
| 100 000 | 8,603.26 | 4,428.74 | 3,038.86 | 2,345.13 | 1,929.86 | 1,106.51 |

## durée du prêt (en années)

| MONTANT | 15 | 20 | 25 | 30 | 35 | 40 |
|---|---|---|---|---|---|---|
| 500 | 4.20 | 3.56 | 3.20 | 2.97 | 2.83 | 2.73 |
| 1 000 | 8.40 | 7.12 | 6.40 | 5.95 | 5.65 | 5.45 |
| 2 000 | 16.80 | 14.24 | 12.80 | 11.90 | 11.31 | 10.90 |
| 3 000 | 25.20 | 21.37 | 19.19 | 17.84 | 16.96 | 16.35 |
| 4 000 | 33.60 | 28.49 | 25.59 | 23.79 | 22.61 | 21.80 |
| 5 000 | 41.99 | 35.61 | 31.99 | 29.74 | 28.26 | 27.25 |
| 6 000 | 50.39 | 42.73 | 38.39 | 35.69 | 33.92 | 32.71 |
| 7 000 | 58.79 | 49.85 | 44.79 | 41.64 | 39.57 | 38.16 |
| 8 000 | 67.19 | 56.98 | 51.18 | 47.59 | 45.22 | 43.61 |
| 9 000 | 75.59 | 64.10 | 57.58 | 53.53 | 50.87 | 49.06 |
| 10 000 | 83.99 | 71.22 | 63.98 | 59.48 | 56.53 | 54.51 |
| 15 000 | 125.98 | 106.83 | 95.97 | 89.22 | 84.79 | 81.76 |
| 20 000 | 167.98 | 142.44 | 127.96 | 118.96 | 113.05 | 109.02 |
| 25 000 | 209.97 | 178.05 | 159.95 | 148.71 | 141.31 | 136.27 |
| 30 000 | 251.96 | 213.66 | 191.94 | 178.45 | 169.58 | 163.53 |
| 35 000 | 293.96 | 249.27 | 223.93 | 208.19 | 197.84 | 190.78 |
| 40 000 | 335.95 | 284.88 | 255.92 | 237.93 | 226.10 | 218.04 |
| 45 000 | 377.95 | 320.48 | 287.91 | 267.67 | 254.36 | 245.29 |
| 50 000 | 419.94 | 356.09 | 319.90 | 297.41 | 282.63 | 272.54 |
| 60 000 | 503.93 | 427.31 | 383.88 | 356.89 | 339.15 | 327.05 |
| 70 000 | 587.92 | 498.53 | 447.86 | 416.37 | 395.68 | 381.56 |
| 80 000 | 671.91 | 569.75 | 511.85 | 475.86 | 452.20 | 436.07 |
| 90 000 | 755.89 | 640.97 | 575.83 | 535.34 | 508.73 | 490.58 |
| 100 000 | 839.88 | 712.19 | 639.81 | 594.82 | 565.25 | 545.09 |

# 6¼ %   PAIEMENTS MENSUELS

## durée du prêt (en années)

| MONTANT | 1 | 2 | 3 | 4 | 5 | 10 |
|---|---|---|---|---|---|---|
| 500 | 43.07 | 22.20 | 15.25 | 11.78 | 9.71 | 5.59 |
| 1 000 | 86.14 | 44.40 | 30.50 | 23.56 | 19.41 | 11.19 |
| 2 000 | 172.29 | 88.79 | 61.00 | 47.13 | 38.82 | 22.38 |
| 3 000 | 258.43 | 133.19 | 91.50 | 70.69 | 58.24 | 33.56 |
| 4 000 | 344.58 | 177.59 | 122.00 | 94.25 | 77.65 | 44.75 |
| 5 000 | 430.72 | 221.99 | 152.50 | 117.82 | 97.06 | 55.94 |
| 6 000 | 516.87 | 266.38 | 182.99 | 141.38 | 116.47 | 67.13 |
| 7 000 | 603.01 | 310.78 | 213.49 | 164.94 | 135.88 | 78.31 |
| 8 000 | 689.16 | 355.18 | 243.99 | 188.51 | 155.30 | 89.50 |
| 9 000 | 775.30 | 399.58 | 274.49 | 212.07 | 174.71 | 100.69 |
| 10 000 | 861.45 | 443.97 | 304.99 | 235.63 | 194.12 | 111.88 |
| 15 000 | 1,292.17 | 665.96 | 457.49 | 353.45 | 291.18 | 167.82 |
| 20 000 | 1,722.89 | 887.95 | 609.98 | 471.26 | 388.24 | 223.75 |
| 25 000 | 2,153.62 | 1,109.93 | 762.48 | 589.08 | 485.30 | 279.69 |
| 30 000 | 2,584.34 | 1,331.92 | 914.97 | 706.89 | 582.36 | 335.63 |
| 35 000 | 3,015.06 | 1,553.91 | 1,067.47 | 824.71 | 679.42 | 391.57 |
| 40 000 | 3,445.79 | 1,775.89 | 1,219.96 | 942.52 | 776.48 | 447.51 |
| 45 000 | 3,876.51 | 1,997.88 | 1,372.46 | 1,060.34 | 873.54 | 503.45 |
| 50 000 | 4,307.23 | 2,219.87 | 1,524.95 | 1,178.16 | 970.61 | 559.38 |
| 60 000 | 5,168.68 | 2,663.84 | 1,829.95 | 1,413.79 | 1,164.72 | 671.26 |
| 70 000 | 6,030.13 | 3,107.81 | 2,134.94 | 1,649.42 | 1,358.84 | 783.14 |
| 80 000 | 6,891.57 | 3,551.79 | 2,439.93 | 1,885.05 | 1,552.96 | 895.01 |
| 90 000 | 7,753.02 | 3,995.76 | 2,744.92 | 2,120.68 | 1,747.08 | 1,006.89 |
| 100 000 | 8,614.47 | 4,439.73 | 3,049.91 | 2,356.32 | 1,941.20 | 1,118.77 |

14

## durée du prêt (en années)

| MONTANT | 15 | 20 | 25 | 30 | 35 | 40 |
|---:|---:|---:|---:|---:|---:|---:|
| 500 | 4.27 | 3.63 | 3.27 | 3.05 | 2.91 | 2.81 |
| 1 000 | 8.53 | 7.26 | 6.55 | 6.11 | 5.82 | 5.62 |
| 2 000 | 17.06 | 14.53 | 13.09 | 12.21 | 11.63 | 11.24 |
| 3 000 | 25.59 | 21.78 | 19.64 | 18.31 | 17.45 | 16.86 |
| 4 000 | 34.12 | 29.05 | 26.19 | 24.42 | 23.27 | 22.48 |
| 5 000 | 42.65 | 36.31 | 32.74 | 30.53 | 29.08 | 28.11 |
| 6 000 | 51.18 | 43.58 | 39.28 | 36.63 | 34.90 | 33.73 |
| 7 000 | 59.72 | 50.84 | 45.83 | 42.74 | 40.72 | 39.35 |
| 8 000 | 68.25 | 58.10 | 52.38 | 48.84 | 46.53 | 44.97 |
| 9 000 | 76.78 | 65.37 | 58.93 | 54.95 | 52.35 | 50.59 |
| 10 000 | 85.31 | 72.63 | 65.47 | 61.05 | 58.17 | 56.21 |
| 15 000 | 127.96 | 108.94 | 98.21 | 91.58 | 87.25 | 84.32 |
| 20 000 | 170.62 | 145.26 | 130.95 | 122.11 | 116.33 | 112.42 |
| 25 000 | 213.27 | 181.57 | 163.69 | 152.63 | 145.42 | 140.53 |
| 30 000 | 255.92 | 217.88 | 196.42 | 183.16 | 174.50 | 168.64 |
| 35 000 | 298.58 | 254.20 | 229.16 | 213.69 | 203.58 | 196.74 |
| 40 000 | 341.23 | 290.51 | 261.90 | 244.21 | 232.66 | 224.85 |
| 45 000 | 383.88 | 326.83 | 294.63 | 274.74 | 261.75 | 252.95 |
| 50 000 | 426.54 | 363.14 | 327.37 | 305.27 | 290.83 | 281.06 |
| 60 000 | 511.85 | 435.77 | 392.85 | 366.32 | 349.00 | 337.27 |
| 70 000 | 597.15 | 508.40 | 458.32 | 427.37 | 407.16 | 393.48 |
| 80 000 | 682.46 | 581.02 | 523.79 | 488.43 | 465.33 | 449.70 |
| 90 000 | 767.77 | 653.66 | 589.27 | 549.48 | 523.49 | 505.90 |
| 100 000 | 853.08 | 726.28 | 654.74 | 610.53 | 581.66 | 562.12 |

## durée du prêt (en années)

| MONTANT | 1 | 2 | 3 | 4 | 5 | 10 |
|---|---|---|---|---|---|---|
| 500 | 43.13 | 22.25 | 15.30 | 11.84 | 9.76 | 5.66 |
| 1 000 | 86.26 | 44.51 | 30.61 | 23.68 | 19.53 | 11.31 |
| 2 000 | 172.51 | 89.01 | 61.22 | 47.35 | 39.05 | 22.62 |
| 3 000 | 258.77 | 133.52 | 91.83 | 71.03 | 58.58 | 33.93 |
| 4 000 | 345.03 | 178.03 | 122.44 | 94.70 | 78.10 | 45.24 |
| 5 000 | 431.28 | 222.54 | 153.05 | 118.38 | 97.63 | 56.55 |
| 6 000 | 517.54 | 267.04 | 183.66 | 142.05 | 117.15 | 67.87 |
| 7 000 | 603.80 | 311.55 | 214.27 | 165.73 | 136.68 | 79.18 |
| 8 000 | 690.05 | 356.06 | 244.88 | 189.40 | 156.21 | 90.49 |
| 9 000 | 776.31 | 400.57 | 275.49 | 213.08 | 175.73 | 101.80 |
| 10 000 | 862.57 | 445.07 | 306.10 | 236.75 | 195.26 | 113.11 |
| 15 000 | 1,293.85 | 667.61 | 459.15 | 355.13 | 292.89 | 169.66 |
| 20 000 | 1,725.13 | 890.15 | 612.20 | 473.50 | 390.51 | 226.22 |
| 25 000 | 2,156.42 | 1,112.68 | 765.24 | 591.88 | 488.14 | 282.77 |
| 30 000 | 2,587.70 | 1,335.22 | 918.29 | 710.25 | 585.77 | 339.33 |
| 35 000 | 3,018.98 | 1,557.75 | 1,071.34 | 828.63 | 683.40 | 395.88 |
| 40 000 | 3,450.27 | 1,780.29 | 1,224.39 | 947.01 | 781.03 | 452.44 |
| 45 000 | 3,881.55 | 2,002.83 | 1,377.44 | 1,065.38 | 878.66 | 508.99 |
| 50 000 | 4,312.83 | 2,225.36 | 1,530.49 | 1,183.76 | 976.29 | 565.55 |
| 60 000 | 5,175.40 | 2,670.44 | 1,836.58 | 1,420.51 | 1,171.55 | 678.66 |
| 70 000 | 6,037.97 | 3,115.51 | 2,142.68 | 1,657.26 | 1,366.80 | 791.77 |
| 80 000 | 6,900.54 | 3,560.58 | 2,448.78 | 1,894.02 | 1,562.06 | 904.87 |
| 90 000 | 7,763.10 | 4,005.65 | 2,754.88 | 2,130.76 | 1,757.32 | 1,017.98 |
| 100 000 | 8,625.67 | 4,450.73 | 3,060.97 | 2,367.52 | 1,952.57 | 1,131.09 |

### durée du prêt (en années)

| MONTANT | 15 | 20 | 25 | 30 | 35 | 40 |
|---|---|---|---|---|---|---|
| 500 | 4.33 | 3.70 | 3.35 | 3.13 | 2.99 | 2.90 |
| 1 000 | 8.66 | 7.41 | 6.70 | 6.26 | 5.98 | 5.79 |
| 2 000 | 17.33 | 14.81 | 13.40 | 12.53 | 11.96 | 11.59 |
| 3 000 | 25.99 | 22.22 | 20.09 | 18.79 | 17.95 | 17.38 |
| 4 000 | 34.65 | 29.62 | 26.79 | 25.06 | 23.93 | 23.17 |
| 5 000 | 43.32 | 37.02 | 33.49 | 31.32 | 29.91 | 28.97 |
| 6 000 | 51.98 | 44.43 | 40.19 | 37.58 | 35.89 | 34.76 |
| 7 000 | 60.65 | 51.84 | 46.89 | 43.85 | 41.88 | 40.55 |
| 8 000 | 69.31 | 59.24 | 53.59 | 50.11 | 47.86 | 46.35 |
| 9 000 | 77.97 | 66.65 | 60.28 | 56.38 | 53.84 | 52.14 |
| 10 000 | 86.64 | 74.05 | 66.98 | 62.64 | 59.82 | 57.93 |
| 15 000 | 129.96 | 111.08 | 100.47 | 93.96 | 89.74 | 86.90 |
| 20 000 | 173.27 | 148.10 | 133.96 | 125.28 | 119.65 | 115.86 |
| 25 000 | 216.59 | 185.13 | 167.46 | 156.60 | 149.56 | 144.83 |
| 30 000 | 259.91 | 222.15 | 200.95 | 187.92 | 179.47 | 173.80 |
| 35 000 | 303.23 | 259.16 | 234.44 | 219.24 | 209.38 | 202.76 |
| 40 000 | 346.55 | 296.20 | 267.93 | 250.56 | 239.29 | 231.73 |
| 45 000 | 389.87 | 333.23 | 301.42 | 281.88 | 269.21 | 260.69 |
| 50 000 | 433.18 | 370.25 | 334.91 | 313.20 | 299.12 | 289.66 |
| 60 000 | 519.82 | 444.30 | 401.89 | 375.84 | 358.94 | 347.59 |
| 70 000 | 606.46 | 518.35 | 468.88 | 438.48 | 418.77 | 405.53 |
| 80 000 | 693.10 | 592.40 | 535.86 | 501.12 | 478.59 | 463.46 |
| 90 000 | 779.73 | 666.45 | 602.84 | 563.76 | 538.41 | 521.39 |
| 100 000 | 866.37 | 740.50 | 669.82 | 626.40 | 598.24 | 579.32 |

## durée du prêt (en années)

| MONTANT | 1 | 2 | 3 | 4 | 5 | 10 |
|---|---|---|---|---|---|---|
| 500 | 43.18 | 22.31 | 15.36 | 11.89 | 9.82 | 5.72 |
| 1 000 | 86.37 | 44.62 | 30.72 | 23.79 | 19.64 | 11.43 |
| 2 000 | 172.74 | 89.23 | 61.44 | 47.57 | 39.28 | 22.87 |
| 3 000 | 259.11 | 133.85 | 92.16 | 71.36 | 58.92 | 34.30 |
| 4 000 | 345.47 | 178.47 | 122.89 | 95.15 | 78.56 | 45.74 |
| 5 000 | 431.84 | 223.09 | 153.60 | 118.94 | 98.20 | 57.17 |
| 6 000 | 518.21 | 267.70 | 184.32 | 142.72 | 117.84 | 68.61 |
| 7 000 | 604.58 | 312.32 | 215.04 | 166.51 | 137.48 | 80.04 |
| 8 000 | 690.95 | 356.94 | 245.76 | 190.30 | 157.12 | 91.48 |
| 9 000 | 777.32 | 401.56 | 276.48 | 214.09 | 176.76 | 102.91 |
| 10 000 | 863.69 | 446.17 | 307.21 | 237.87 | 196.40 | 114.35 |
| 15 000 | 1,295.53 | 669.26 | 460.81 | 356.81 | 294.60 | 171.52 |
| 20 000 | 1,727.37 | 892.34 | 614.41 | 475.75 | 392.80 | 228.70 |
| 25 000 | 2,159.22 | 1,115.43 | 768.01 | 594.69 | 490.99 | 285.87 |
| 30 000 | 2,591.06 | 1,338.51 | 921.62 | 713.62 | 589.19 | 343.05 |
| 35 000 | 3,022.90 | 1,561.60 | 1,075.22 | 832.56 | 687.39 | 400.22 |
| 40 000 | 3,454.75 | 1,784.69 | 1,228.82 | 951.50 | 785.59 | 457.39 |
| 45 000 | 3,886.59 | 2,007.78 | 1,382.42 | 1,070.43 | 883.79 | 514.57 |
| 50 000 | 4,318.43 | 2,230.86 | 1,536.03 | 1,189.37 | 981.99 | 571.74 |
| 60 000 | 5,182.12 | 2,677.03 | 1,843.23 | 1,427.25 | 1,178.39 | 686.09 |
| 70 000 | 6,045.81 | 3,123.21 | 2,150.44 | 1,665.12 | 1,374.78 | 800.44 |
| 80 000 | 6,909.50 | 3,569.38 | 2,457.64 | 1,902.99 | 1,571.18 | 914.79 |
| 90 000 | 7,773.18 | 4,015.55 | 2,764.85 | 2,140.87 | 1,767.58 | 1,029.14 |
| 100 000 | 8,636.87 | 4,461.72 | 3,072.05 | 2,378.74 | 1,963.98 | 1,143.48 |

## durée du prêt (en années)

| MONTANT | 15 | 20 | 25 | 30 | 35 | 40 |
|---|---|---|---|---|---|---|
| 500 | 4.40 | 3.77 | 3.43 | 3.21 | 3.07 | 2.98 |
| 1 000 | 8.80 | 7.55 | 6.85 | 6.42 | 6.15 | 5.97 |
| 2 000 | 17.60 | 15.10 | 13.70 | 12.85 | 12.30 | 11.93 |
| 3 000 | 26.39 | 22.65 | 20.55 | 19.27 | 18.45 | 17.90 |
| 4 000 | 35.19 | 30.19 | 27.40 | 25.70 | 24.60 | 23.87 |
| 5 000 | 43.99 | 37.74 | 34.25 | 32.12 | 30.75 | 29.83 |
| 6 000 | 52.79 | 45.29 | 41.10 | 38.55 | 36.90 | 35.80 |
| 7 000 | 61.58 | 52.84 | 47.95 | 44.97 | 43.05 | 41.77 |
| 8 000 | 70.38 | 60.39 | 54.80 | 51.39 | 49.20 | 47.73 |
| 9 000 | 79.18 | 67.94 | 61.65 | 57.82 | 55.35 | 53.70 |
| 10 000 | 87.98 | 75.48 | 68.50 | 64.24 | 61.50 | 59.67 |
| 15 000 | 131.96 | 113.23 | 102.76 | 96.36 | 92.25 | 89.50 |
| 20 000 | 175.95 | 150.97 | 137.01 | 128.49 | 122.99 | 119.34 |
| 25 000 | 219.94 | 188.71 | 171.26 | 160.61 | 153.74 | 149.17 |
| 30 000 | 263.93 | 226.45 | 205.51 | 192.73 | 184.49 | 179.00 |
| 35 000 | 307.92 | 264.20 | 239.77 | 224.85 | 215.24 | 208.83 |
| 40 000 | 351.90 | 301.90 | 274.02 | 256.97 | 245.99 | 238.67 |
| 45 000 | 395.89 | 339.68 | 308.27 | 289.09 | 276.74 | 268.50 |
| 50 000 | 439.88 | 377.42 | 342.52 | 321.21 | 307.49 | 298.34 |
| 60 000 | 527.86 | 452.91 | 411.03 | 385.46 | 368.98 | 358.01 |
| 70 000 | 615.83 | 528.39 | 479.53 | 449.70 | 430.48 | 417.67 |
| 80 000 | 703.81 | 603.88 | 548.04 | 513.94 | 491.98 | 477.34 |
| 90 000 | 791.75 | 679.36 | 616.54 | 578.18 | 553.48 | 537.01 |
| 100 000 | 879.76 | 754.84 | 685.05 | 642.42 | 614.97 | 596.68 |

## durée du prêt (en années)

| MONTANT | 1 | 2 | 3 | 4 | 5 | 10 |
|---|---|---|---|---|---|---|
| 500 | 43.24 | 22.36 | 15.42 | 11.95 | 9.88 | 5.78 |
| 1 000 | 86.48 | 44.73 | 30.83 | 23.90 | 19.75 | 11.56 |
| 2 000 | 172.96 | 89.45 | 61.66 | 47.80 | 39.51 | 23.12 |
| 3 000 | 259.44 | 134.18 | 92.49 | 71.70 | 59.26 | 34.68 |
| 4 000 | 345.92 | 178.91 | 123.33 | 95.60 | 79.02 | 46.24 |
| 5 000 | 432.40 | 223.64 | 154.16 | 119.50 | 98.77 | 57.80 |
| 6 000 | 518.88 | 268.36 | 184.99 | 143.40 | 118.52 | 69.36 |
| 7 000 | 605.36 | 313.09 | 215.82 | 167.30 | 138.28 | 80.92 |
| 8 000 | 691.85 | 357.82 | 246.65 | 191.20 | 158.03 | 92.48 |
| 9 000 | 778.33 | 402.55 | 277.48 | 215.10 | 177.79 | 104.03 |
| 10 000 | 864.81 | 447.27 | 308.31 | 239.00 | 197.54 | 115.59 |
| 15 000 | 1,297.21 | 670.91 | 462.47 | 358.50 | 296.31 | 173.39 |
| 20 000 | 1,729.61 | 894.55 | 616.63 | 478.00 | 395.08 | 231.19 |
| 25 000 | 2,162.02 | 1,118.18 | 770.79 | 597.50 | 493.85 | 288.98 |
| 30 000 | 2,594.42 | 1,341.81 | 924.95 | 717.00 | 592.62 | 346.78 |
| 35 000 | 3,026.82 | 1,565.45 | 1,079.10 | 836.50 | 691.39 | 404.58 |
| 40 000 | 3,459.23 | 1,789.09 | 1,233.26 | 956.00 | 790.16 | 462.38 |
| 45 000 | 3,891.63 | 2,012.73 | 1,387.41 | 1,075.50 | 888.93 | 520.17 |
| 50 000 | 4,324.03 | 2,236.36 | 1,541.57 | 1,195.00 | 987.70 | 577.97 |
| 60 000 | 5,188.84 | 2,683.64 | 1,849.89 | 1,434.00 | 1,185.24 | 693.56 |
| 70 000 | 6,053.65 | 3,130.91 | 2,158.20 | 1,673.00 | 1,382.79 | 809.16 |
| 80 000 | 6,918.45 | 3,578.18 | 2,466.51 | 1,912.00 | 1,580.33 | 924.75 |
| 90 000 | 7,783.26 | 4,025.46 | 2,774.83 | 2,151.00 | 1,777.87 | 1,040.35 |
| 100 000 | 8,648.07 | 4,472.73 | 3,083.14 | 2,389.99 | 1,975.41 | 1,155.94 |

### durée du prêt (en années)

| MONTANT | 15 | 20 | 25 | 30 | 35 | 40 |
|---|---|---|---|---|---|---|
| 500 | 4.47 | 3.85 | 3.50 | 3.29 | 3.16 | 3.07 |
| 1 000 | 8.93 | 7.69 | 7.00 | 6.59 | 6.32 | 6.14 |
| 2 000 | 17.86 | 15.39 | 14.00 | 13.17 | 12.64 | 12.28 |
| 3 000 | 26.80 | 23.08 | 21.01 | 19.76 | 18.96 | 18.42 |
| 4 000 | 35.73 | 30.77 | 28.02 | 26.34 | 25.27 | 24.57 |
| 5 000 | 44.66 | 38.47 | 35.02 | 32.93 | 31.59 | 30.71 |
| 6 000 | 53.59 | 46.16 | 42.02 | 39.52 | 37.91 | 36.85 |
| 7 000 | 62.53 | 53.85 | 49.03 | 46.10 | 44.23 | 42.99 |
| 8 000 | 71.46 | 61.54 | 56.03 | 52.69 | 50.55 | 49.13 |
| 9 000 | 80.39 | 69.24 | 63.04 | 59.27 | 56.87 | 55.28 |
| 10 000 | 89.32 | 76.93 | 70.04 | 65.86 | 63.19 | 61.42 |
| 15 000 | 133.99 | 115.40 | 105.06 | 98.79 | 94.78 | 92.13 |
| 20 000 | 178.65 | 153.86 | 140.08 | 131.72 | 126.37 | 122.83 |
| 25 000 | 223.31 | 192.33 | 175.10 | 164.65 | 157.97 | 153.55 |
| 30 000 | 267.97 | 230.79 | 210.12 | 197.58 | 189.56 | 184.26 |
| 35 000 | 312.64 | 269.26 | 245.15 | 230.51 | 221.15 | 214.96 |
| 40 000 | 357.30 | 307.72 | 280.16 | 263.44 | 252.75 | 245.67 |
| 45 000 | 401.96 | 346.19 | 315.19 | 296.37 | 284.34 | 276.38 |
| 50 000 | 446.62 | 384.66 | 350.21 | 329.30 | 315.93 | 307.09 |
| 60 000 | 535.95 | 461.59 | 420.25 | 395.16 | 379.12 | 368.51 |
| 70 000 | 625.27 | 538.52 | 490.29 | 461.02 | 442.30 | 429.93 |
| 80 000 | 714.60 | 615.45 | 560.33 | 526.88 | 505.49 | 491.35 |
| 90 000 | 803.92 | 692.38 | 630.37 | 592.74 | 568.68 | 552.77 |
| 100 000 | 893.25 | 769.31 | 700.42 | 658.60 | 631.86 | 614.18 |

## durée du prêt (en années)

| MONTANT | 1 | 2 | 3 | 4 | 5 | 10 |
|---|---|---|---|---|---|---|
| 500 | 43.30 | 22.42 | 15.47 | 12.01 | 9.93 | 5.84 |
| 1 000 | 86.59 | 44.84 | 30.94 | 24.02 | 19.87 | 11.68 |
| 2 000 | 173.19 | 89.67 | 61.88 | 48.03 | 39.74 | 23.37 |
| 3 000 | 259.78 | 134.51 | 92.83 | 72.05 | 59.61 | 35.05 |
| 4 000 | 346.37 | 179.35 | 123.77 | 96.05 | 79.47 | 46.74 |
| 5 000 | 432.96 | 224.19 | 154.71 | 120.06 | 99.34 | 58.42 |
| 6 000 | 519.56 | 269.02 | 185.65 | 144.08 | 119.21 | 70.11 |
| 7 000 | 606.15 | 313.86 | 216.60 | 168.09 | 139.08 | 81.79 |
| 8 000 | 692.74 | 358.70 | 247.54 | 192.10 | 158.95 | 93.48 |
| 9 000 | 779.33 | 403.54 | 278.48 | 216.11 | 178.82 | 105.16 |
| 10 000 | 865.92 | 448.37 | 309.42 | 240.13 | 198.69 | 116.85 |
| 15 000 | 1,298.89 | 672.56 | 464.13 | 360.19 | 298.03 | 175.27 |
| 20 000 | 1,731.85 | 896.75 | 618.85 | 480.25 | 397.37 | 233.69 |
| 25 000 | 2,164.82 | 1,120.93 | 773.56 | 600.31 | 496.72 | 292.12 |
| 30 000 | 2,597.78 | 1,345.12 | 928.27 | 720.38 | 596.06 | 350.54 |
| 35 000 | 3,030.74 | 1,569.31 | 1,082.99 | 840.44 | 695.40 | 408.96 |
| 40 000 | 3,463.70 | 1,793.49 | 1,237.70 | 960.50 | 794.75 | 467.38 |
| 45 000 | 3,896.67 | 2,017.68 | 1,392.41 | 1,080.57 | 894.09 | 525.81 |
| 50 000 | 4,329.63 | 2,241.87 | 1,547.12 | 1,200.63 | 993.43 | 584.23 |
| 60 000 | 5,195.56 | 2,690.24 | 1,856.55 | 1,440.75 | 1,192.12 | 701.08 |
| 70 000 | 6,061.48 | 3,138.62 | 2,165.97 | 1,680.88 | 1,390.81 | 817.92 |
| 80 000 | 6,927.41 | 3,586.99 | 2,475.40 | 1,921.00 | 1,589.49 | 934.77 |
| 90 000 | 7,793.34 | 4,035.36 | 2,784.82 | 2,161.13 | 1,788.18 | 1,051.60 |
| 100 000 | 8,659.26 | 4,483.74 | 3,094.25 | 2,401.26 | 1,986.87 | 1,168.46 |

## durée du prêt (en années)

| MONTANT | 15 | 20 | 25 | 30 | 35 | 40 |
|---|---|---|---|---|---|---|
| 500 | 4.53 | 3.92 | 3.58 | 3.37 | 3.24 | 3.16 |
| 1 000 | 9.07 | 7.84 | 7.16 | 6.75 | 6.49 | 6.31 |
| 2 000 | 18.14 | 15.68 | 14.32 | 13.50 | 12.98 | 12.64 |
| 3 000 | 27.21 | 23.52 | 21.48 | 20.25 | 19.47 | 18.96 |
| 4 000 | 36.27 | 31.36 | 28.64 | 27.00 | 25.96 | 25.27 |
| 5 000 | 45.34 | 39.19 | 35.80 | 33.75 | 32.44 | 31.59 |
| 6 000 | 54.41 | 47.03 | 42.96 | 40.50 | 38.93 | 37.91 |
| 7 000 | 63.48 | 54.87 | 50.11 | 47.24 | 45.42 | 44.23 |
| 8 000 | 72.55 | 62.71 | 57.27 | 53.99 | 51.91 | 50.55 |
| 9 000 | 81.62 | 70.55 | 64.43 | 60.74 | 58.40 | 56.87 |
| 10 000 | 90.68 | 78.39 | 71.59 | 67.49 | 64.89 | 63.18 |
| 15 000 | 136.03 | 117.58 | 107.39 | 101.24 | 97.33 | 94.78 |
| 20 000 | 181.37 | 156.78 | 143.18 | 134.99 | 129.78 | 126.37 |
| 25 000 | 226.71 | 195.97 | 178.98 | 168.73 | 162.22 | 157.96 |
| 30 000 | 272.05 | 235.17 | 214.78 | 202.48 | 194.67 | 189.55 |
| 35 000 | 317.39 | 274.36 | 250.57 | 236.22 | 227.11 | 221.14 |
| 40 000 | 362.73 | 313.56 | 286.37 | 269.97 | 259.56 | 252.73 |
| 45 000 | 408.08 | 352.75 | 322.16 | 303.72 | 292.00 | 284.33 |
| 50 000 | 453.42 | 391.90 | 357.96 | 337.46 | 324.45 | 315.92 |
| 60 000 | 544.10 | 470.34 | 429.55 | 404.95 | 389.34 | 379.10 |
| 70 000 | 634.78 | 548.73 | 501.14 | 472.45 | 454.23 | 442.28 |
| 80 000 | 725.47 | 627.12 | 572.73 | 539.94 | 519.12 | 505.47 |
| 90 000 | 816.15 | 705.51 | 644.33 | 607.43 | 584.01 | 568.65 |
| 100 000 | 906.83 | 783.90 | 715.92 | 674.92 | 648.90 | 631.83 |

## durée du prêt (en années)

| MONTANT | 1 | 2 | 3 | 4 | 5 | 10 |
|---|---|---|---|---|---|---|
| 500 | 43.35 | 22.47 | 15.53 | 12.06 | 9.99 | 5.91 |
| 1 000 | 86.70 | 44.95 | 31.05 | 24.13 | 19.98 | 11.81 |
| 2 000 | 173.41 | 89.90 | 62.11 | 48.25 | 39.97 | 23.62 |
| 3 000 | 260.11 | 134.84 | 93.16 | 72.38 | 59.95 | 35.43 |
| 4 000 | 346.82 | 179.79 | 124.21 | 96.50 | 79.93 | 47.24 |
| 5 000 | 433.52 | 224.74 | 155.27 | 120.63 | 99.92 | 59.05 |
| 6 000 | 520.23 | 269.69 | 186.32 | 144.75 | 119.90 | 70.86 |
| 7 000 | 606.93 | 314.63 | 217.38 | 168.88 | 139.88 | 82.67 |
| 8 000 | 693.64 | 359.58 | 248.43 | 193.00 | 159.87 | 94.48 |
| 9 000 | 780.34 | 404.53 | 279.48 | 217.13 | 179.85 | 106.29 |
| 10 000 | 867.05 | 449.48 | 310.54 | 241.25 | 199.84 | 118.10 |
| 15 000 | 1,300.57 | 674.21 | 465.80 | 361.89 | 299.75 | 177.16 |
| 20 000 | 1,734.09 | 898.95 | 621.07 | 482.51 | 399.67 | 236.21 |
| 25 000 | 2,167.61 | 1,123.69 | 776.34 | 603.14 | 499.59 | 295.26 |
| 30 000 | 2,601.14 | 1,348.43 | 931.61 | 723.76 | 599.51 | 354.31 |
| 35 000 | 3,034.66 | 1,573.16 | 1,086.88 | 844.39 | 699.42 | 413.37 |
| 40 000 | 3,468.18 | 1,797.90 | 1,242.15 | 965.02 | 799.34 | 472.42 |
| 45 000 | 3,901.70 | 2,022.64 | 1,397.41 | 1,085.65 | 899.26 | 531.47 |
| 50 000 | 4,335.23 | 2,247.38 | 1,552.68 | 1,206.27 | 999.18 | 590.52 |
| 60 000 | 5,202.27 | 2,696.85 | 1,863.22 | 1,447.53 | 1,199.01 | 708.63 |
| 70 000 | 6,069.32 | 3,146.33 | 2,173.75 | 1,688.78 | 1,398.85 | 826.73 |
| 80 000 | 6,936.36 | 3,595.80 | 2,484.29 | 1,930.04 | 1,598.68 | 944.84 |
| 90 000 | 7,803.41 | 4,045.28 | 2,794.83 | 2,171.29 | 1,798.52 | 1,062.94 |
| 100 000 | 8,670.45 | 4,494.75 | 3,105.36 | 2,412.55 | 1,998.35 | 1,181.05 |

# PAIEMENTS MENSUELS $7\frac{1}{2}$ %

## durée du prêt (en années)

| MONTANT | 15 | 20 | 25 | 30 | 35 | 40 |
|---|---|---|---|---|---|---|
| 500 | 4.60 | 3.99 | 3.65 | 3.46 | 3.33 | 3.25 |
| 1 000 | 9.21 | 7.99 | 7.31 | 6.91 | 6.66 | 6.50 |
| 2 000 | 18.41 | 15.97 | 14.63 | 13.83 | 13.32 | 12.99 |
| 3 000 | 27.62 | 23.96 | 21.95 | 20.74 | 19.98 | 19.49 |
| 4 000 | 36.82 | 31.94 | 29.26 | 27.66 | 26.64 | 25.98 |
| 5 000 | 46.03 | 39.93 | 36.58 | 34.57 | 33.30 | 32.48 |
| 6 000 | 55.23 | 47.92 | 43.89 | 41.48 | 39.96 | 38.98 |
| 7 000 | 64.44 | 55.90 | 51.21 | 48.40 | 46.63 | 45.47 |
| 8 000 | 73.64 | 63.89 | 58.52 | 55.31 | 53.29 | 51.97 |
| 9 000 | 82.85 | 71.87 | 65.84 | 62.22 | 59.95 | 58.47 |
| 10 000 | 92.05 | 79.86 | 73.16 | 69.14 | 66.61 | 64.96 |
| 15 000 | 138.08 | 119.79 | 109.73 | 103.71 | 99.91 | 97.44 |
| 20 000 | 184.10 | 159.72 | 146.31 | 138.28 | 133.22 | 129.92 |
| 25 000 | 230.13 | 199.65 | 182.89 | 172.85 | 166.52 | 162.40 |
| 30 000 | 276.15 | 239.58 | 219.47 | 207.42 | 199.82 | 194.89 |
| 35 000 | 322.18 | 279.51 | 256.04 | 241.99 | 233.13 | 227.37 |
| 40 000 | 368.21 | 319.44 | 292.62 | 276.55 | 266.43 | 259.85 |
| 45 000 | 414.23 | 359.37 | 329.20 | 311.12 | 299.73 | 292.33 |
| 50 000 | 460.26 | 399.30 | 365.78 | 345.69 | 333.04 | 324.81 |
| 60 000 | 552.31 | 479.16 | 438.93 | 414.83 | 399.65 | 389.77 |
| 70 000 | 644.36 | 559.02 | 512.09 | 483.97 | 466.25 | 454.73 |
| 80 000 | 736.41 | 638.88 | 585.24 | 553.11 | 532.86 | 519.70 |
| 90 000 | 828.46 | 718.74 | 658.40 | 622.25 | 599.47 | 584.66 |
| 100 000 | 920.51 | 798.60 | 731.55 | 691.39 | 666.08 | 649.62 |

## durée du prêt (en années)

| MONTANT | 1 | 2 | 3 | 4 | 5 | 10 |
|---|---|---|---|---|---|---|
| 500 | 43.41 | 22.53 | 15.58 | 12.12 | 10.05 | 5.97 |
| 1 000 | 86.82 | 45.06 | 31.16 | 24.24 | 20.10 | 11.94 |
| 2 000 | 173.63 | 90.12 | 62.33 | 48.48 | 40.20 | 23.87 |
| 3 000 | 260.45 | 135.17 | 93.49 | 72.72 | 60.30 | 35.81 |
| 4 000 | 347.27 | 180.23 | 124.66 | 96.95 | 80.39 | 47.75 |
| 5 000 | 434.08 | 225.29 | 155.82 | 121.19 | 100.49 | 59.68 |
| 6 000 | 520.90 | 270.35 | 186.99 | 145.43 | 120.59 | 71.62 |
| 7 000 | 607.71 | 315.40 | 218.15 | 169.67 | 140.69 | 83.56 |
| 8 000 | 694.53 | 360.46 | 249.32 | 193.91 | 160.79 | 95.50 |
| 9 000 | 781.35 | 405.52 | 280.48 | 218.15 | 180.89 | 107.43 |
| 10 000 | 868.16 | 450.58 | 311.65 | 242.39 | 200.99 | 119.37 |
| 15 000 | 1,302.25 | 675.87 | 467.47 | 363.58 | 301.48 | 179.05 |
| 20 000 | 1,736.33 | 901.15 | 623.30 | 484.77 | 401.97 | 238.74 |
| 25 000 | 2,170.41 | 1,126.44 | 779.12 | 605.96 | 502.47 | 298.42 |
| 30 000 | 2,604.49 | 1,351.73 | 934.95 | 727.16 | 602.96 | 358.11 |
| 35 000 | 3,038.57 | 1,577.02 | 1,090.77 | 848.35 | 703.45 | 417.79 |
| 40 000 | 3,472.66 | 1,802.31 | 1,246.60 | 969.54 | 803.95 | 477.48 |
| 45 000 | 3,906.74 | 2,027.60 | 1,402.42 | 1,090.74 | 904.44 | 537.16 |
| 50 000 | 4,340.82 | 2,252.89 | 1,558.25 | 1,211.93 | 1,004.94 | 596.85 |
| 60 000 | 5,208.98 | 2,703.46 | 1,869.90 | 1,454.31 | 1,205.92 | 716.22 |
| 70 000 | 6,077.15 | 3,154.04 | 2,181.54 | 1,696.70 | 1,406.91 | 835.59 |
| 80 000 | 6,945.31 | 3,604.62 | 2,493.19 | 1,939.09 | 1,607.90 | 954.96 |
| 90 000 | 7,813.48 | 4,055.19 | 2,804.84 | 2,181.47 | 1,808.88 | 1,074.33 |
| 100 000 | 8,681.60 | 4,505.77 | 3,116.49 | 2,423.86 | 2,009.87 | 1,193.70 |

| MONTANT | durée du prêt (en années) | | | | | |
|---|---|---|---|---|---|---|
| | **15** | **20** | **25** | **30** | **35** | **40** |
| **500** | 4.67 | 4.07 | 3.74 | 3.54 | 3.41 | 3.34 |
| **1 000** | 9.34 | 8.13 | 7.47 | 7.08 | 6.83 | 6.68 |
| **2 000** | 18.69 | 16.27 | 14.95 | 14.16 | 13.67 | 13.35 |
| **3 000** | 28.03 | 24.40 | 22.42 | 21.24 | 20.50 | 20.03 |
| **4 000** | 37.37 | 32.54 | 29.89 | 28.32 | 27.33 | 26.70 |
| **5 000** | 46.71 | 40.67 | 37.36 | 35.40 | 34.17 | 33.38 |
| **6 000** | 56.06 | 48.81 | 44.84 | 42.48 | 41.00 | 40.05 |
| **7 000** | 65.40 | 56.94 | 52.31 | 49.56 | 47.84 | 46.73 |
| **8 000** | 74.74 | 65.07 | 59.79 | 56.64 | 54.67 | 53.40 |
| **9 000** | 84.09 | 73.21 | 67.26 | 63.72 | 61.50 | 60.08 |
| **10 000** | 93.43 | 81.34 | 74.73 | 70.80 | 68.34 | 66.75 |
| **15 000** | 140.14 | 122.01 | 112.10 | 106.20 | 102.51 | 100.13 |
| **20 000** | 186.86 | 162.69 | 149.46 | 141.60 | 136.68 | 133.51 |
| **25 000** | 233.57 | 203.36 | 186.83 | 177.00 | 170.85 | 166.88 |
| **30 000** | 280.29 | 244.03 | 224.20 | 212.39 | 205.02 | 200.26 |
| **35 000** | 327.00 | 284.70 | 261.56 | 247.79 | 239.19 | 233.64 |
| **40 000** | 373.71 | 325.37 | 298.93 | 283.19 | 273.35 | 267.01 |
| **45 000** | 420.43 | 366.04 | 336.29 | 318.59 | 307.52 | 300.39 |
| **50 000** | 467.14 | 406.71 | 373.66 | 353.99 | 341.69 | 333.77 |
| **60 000** | 560.57 | 488.05 | 448.39 | 424.79 | 410.03 | 400.52 |
| **70 000** | 654.00 | 569.40 | 523.12 | 495.59 | 478.37 | 467.27 |
| **80 000** | 747.43 | 650.74 | 597.86 | 566.39 | 546.71 | 534.03 |
| **90 000** | 840.86 | 732.08 | 672.59 | 637.18 | 615.05 | 600.78 |
| **100 000** | 934.29 | 813.42 | 747.32 | 707.98 | 683.39 | 667.53 |

# PAIEMENTS MENSUELS

## durée du prêt (en années)

| MONTANT | 1 | 2 | 3 | 4 | 5 | 10 |
|---|---|---|---|---|---|---|
| 500 | 43.46 | 22.58 | 15.63 | 12.18 | 10.10 | 6.03 |
| 1 000 | 86.93 | 45.17 | 31.28 | 24.35 | 20.21 | 12.06 |
| 2 000 | 173.86 | 90.34 | 62.55 | 48.70 | 40.43 | 24.13 |
| 3 000 | 260.78 | 135.50 | 93.83 | 73.06 | 60.64 | 36.19 |
| 4 000 | 347.71 | 180.67 | 125.11 | 97.41 | 80.86 | 48.26 |
| 5 000 | 434.64 | 225.84 | 156.38 | 121.76 | 101.70 | 60.32 |
| 6 000 | 521.57 | 271.01 | 187.66 | 146.11 | 121.28 | 72.38 |
| 7 000 | 608.50 | 316.18 | 218.93 | 170.46 | 141.50 | 84.45 |
| 8 000 | 695.43 | 361.34 | 250.21 | 194.81 | 161.71 | 96.51 |
| 9 000 | 782.35 | 406.51 | 281.49 | 219.17 | 181.93 | 108.58 |
| 10 000 | 869.28 | 451.68 | 312.76 | 243.52 | 202.14 | 120.64 |
| 15 000 | 1,303.92 | 677.52 | 469.15 | 365.28 | 303.21 | 180.96 |
| 20 000 | 1,738.57 | 903.36 | 625.53 | 487.04 | 404.28 | 241.28 |
| 25 000 | 2,173.21 | 1,129.20 | 781.91 | 608.80 | 505.35 | 301.60 |
| 30 000 | 2,607.85 | 1,355.04 | 938.29 | 730.56 | 606.42 | 361.92 |
| 35 000 | 3,042.49 | 1,580.88 | 1,094.67 | 852.32 | 707.50 | 422.24 |
| 40 000 | 3,477.13 | 1,806.72 | 1,251.05 | 974.08 | 808.57 | 482.56 |
| 45 000 | 3,911.77 | 2,032.56 | 1,407.44 | 1,095.83 | 909.64 | 542.88 |
| 50 000 | 4,346.42 | 2,258.40 | 1,563.82 | 1,217.59 | 1,010.71 | 603.20 |
| 60 000 | 5,215.70 | 2,710.08 | 1,876.58 | 1,461.11 | 1,212.85 | 723.85 |
| 70 000 | 6,084.98 | 3,161.76 | 2,189.34 | 1,704.63 | 1,414.99 | 844.49 |
| 80 000 | 6,954.26 | 3,613.44 | 2,502.11 | 1,948.15 | 1,617.13 | 965.13 |
| 90 000 | 7,823.54 | 4,065.16 | 2,814.87 | 2,191.67 | 1,819.27 | 1,085.77 |
| 100 000 | 8,692.83 | 4,516.79 | 3,127.64 | 2,435.19 | 2,021.41 | 1,206.41 |

## durée du prêt (en années)

| MONTANT | 15 | 20 | 25 | 30 | 35 | 40 |
|---|---|---|---|---|---|---|
| 500 | 4.74 | 4.14 | 3.82 | 3.62 | 3.50 | 3.43 |
| 1 000 | 9.48 | 8.28 | 7.63 | 7.25 | 7.01 | 6.86 |
| 2 000 | 18.96 | 16.57 | 15.26 | 14.49 | 14.02 | 13.71 |
| 3 000 | 28.44 | 24.85 | 22.90 | 21.74 | 21.02 | 20.57 |
| 4 000 | 37.93 | 33.13 | 30.53 | 28.99 | 28.03 | 27.42 |
| 5 000 | 47.41 | 41.42 | 38.16 | 36.24 | 35.04 | 34.28 |
| 6 000 | 56.89 | 49.70 | 45.79 | 43.48 | 42.05 | 41.13 |
| 7 000 | 66.37 | 57.99 | 53.42 | 50.73 | 49.06 | 47.99 |
| 8 000 | 75.85 | 66.27 | 61.06 | 57.98 | 56.07 | 54.85 |
| 9 000 | 85.33 | 74.55 | 68.69 | 65.22 | 63.07 | 61.70 |
| 10 000 | 94.82 | 82.84 | 76.32 | 72.47 | 70.08 | 68.56 |
| 15 000 | 142.22 | 124.25 | 114.49 | 108.71 | 105.12 | 102.83 |
| 20 000 | 189.63 | 165.67 | 152.64 | 144.94 | 105.12 | 137.11 |
| 25 000 | 237.04 | 207.09 | 190.81 | 181.18 | 175.21 | 171.39 |
| 30 000 | 284.45 | 248.51 | 228.96 | 217.41 | 210.25 | 205.67 |
| 35 000 | 331.85 | 289.93 | 267.12 | 253.65 | 245.29 | 239.95 |
| 40 000 | 379.26 | 331.34 | 305.29 | 289.88 | 280.33 | 274.22 |
| 45 000 | 426.67 | 372.76 | 343.45 | 326.12 | 315.37 | 308.50 |
| 50 000 | 474.08 | 414.18 | 381.61 | 362.36 | 350.41 | 342.78 |
| 60 000 | 568.89 | 497.01 | 457.93 | 434.83 | 420.50 | 411.34 |
| 70 000 | 663.71 | 579.85 | 534.25 | 507.30 | 490.58 | 479.89 |
| 80 000 | 758.52 | 662.69 | 610.57 | 579.77 | 560.66 | 548.45 |
| 90 000 | 853.34 | 745.52 | 686.89 | 652.24 | 630.74 | 617.01 |
| 100 000 | 948.15 | 828.36 | 763.21 | 724.71 | 700.83 | 685.56 |

# $8\frac{1}{4}$ %  PAIEMENTS MENSUELS

## durée du prêt (en années)

| MONTANT | 1 | 2 | 3 | 4 | 5 | 10 |
|---|---|---|---|---|---|---|
| 500 | 43.52 | 22.64 | 15.69 | 12.23 | 10.16 | 6.10 |
| 1 000 | 87.04 | 45.28 | 31.39 | 24.47 | 20.33 | 12.19 |
| 2 000 | 174.08 | 90.56 | 62.78 | 48.93 | 40.66 | 24.38 |
| 3 000 | 261.12 | 135.83 | 94.16 | 73.40 | 60.99 | 36.58 |
| 4 000 | 348.16 | 181.11 | 125.55 | 97.86 | 81.32 | 48.77 |
| 5 000 | 435.20 | 226.39 | 156.94 | 122.33 | 101.65 | 60.96 |
| 6 000 | 522.24 | 271.67 | 188.33 | 146.79 | 121.98 | 73.15 |
| 7 000 | 609.28 | 316.95 | 219.72 | 171.26 | 142.31 | 85.34 |
| 8 000 | 696.32 | 362.23 | 251.10 | 195.72 | 162.64 | 97.53 |
| 9 000 | 783.36 | 407.50 | 282.49 | 220.19 | 182.97 | 109.73 |
| 10 000 | 870.40 | 452.78 | 313.88 | 244.65 | 203.30 | 121.92 |
| 15 000 | 1,305.60 | 679.17 | 470.82 | 366.98 | 304.95 | 182.88 |
| 20 000 | 1,740.80 | 905.56 | 627.76 | 489.31 | 406.60 | 243.84 |
| 25 000 | 2,176.00 | 1,131.96 | 784.70 | 611.63 | 508.25 | 304.80 |
| 30 000 | 2,611.20 | 1,358.35 | 941.64 | 733.96 | 609.90 | 365.76 |
| 35 000 | 3,046.40 | 1,584.74 | 1,098.58 | 856.29 | 711.55 | 426.71 |
| 40 000 | 3,481.60 | 1,811.13 | 1,255.52 | 978.62 | 813.20 | 487.67 |
| 45 000 | 3,916.80 | 2,037.52 | 1,412.46 | 1,100.94 | 914.84 | 548.63 |
| 50 000 | 4,352.00 | 2,263.91 | 1,569.40 | 1,223.27 | 1,016.49 | 609.59 |
| 60 000 | 5,222.40 | 2,716.69 | 1,883.27 | 1,467.92 | 1,219.79 | 731.51 |
| 70 000 | 6,092.81 | 3,169.48 | 2,197.15 | 1,712.58 | 1,423.09 | 853.43 |
| 80 000 | 6,963.21 | 3,622.26 | 2,511.03 | 1,957.23 | 1,626.39 | 975.35 |
| 90 000 | 7,833.61 | 4,075.04 | 2,824.91 | 2,201.88 | 1,829.69 | 1,097.27 |
| 100 000 | 8,704.01 | 4,527.82 | 3,138.79 | 2,446.54 | 2,032.99 | 1,219.18 |

# PAIEMENTS MENSUELS                           $8\frac{1}{4}$ %

## durée du prêt (en années)

| MONTANT | 15 | 20 | 25 | 30 | 35 | 40 |
|---|---|---|---|---|---|---|
| 500 | 4.81 | 4.22 | 3.90 | 3.71 | 3.59 | 3.52 |
| 1 000 | 9.62 | 8.43 | 7.80 | 7.42 | 7.18 | 7.04 |
| 2 000 | 19.24 | 16.87 | 15.58 | 14.83 | 14.37 | 14.07 |
| 3 000 | 28.86 | 25.30 | 23.38 | 22.25 | 21.55 | 21.11 |
| 4 000 | 38.49 | 33.74 | 31.17 | 29.66 | 28.74 | 28.15 |
| 5 000 | 48.11 | 42.17 | 38.96 | 37.08 | 35.92 | 35.19 |
| 6 000 | 57.73 | 50.60 | 46.75 | 44.49 | 43.10 | 42.22 |
| 7 000 | 67.35 | 59.04 | 54.55 | 51.91 | 50.29 | 49.26 |
| 8 000 | 76.97 | 67.47 | 62.34 | 59.33 | 57.47 | 56.30 |
| 9 000 | 86.59 | 75.91 | 70.13 | 66.74 | 64.65 | 63.33 |
| 10 000 | 96.21 | 84.34 | 77.92 | 74.16 | 71.84 | 70.37 |
| 15 000 | 144.32 | 126.51 | 116.88 | 111.23 | 107.76 | 105.56 |
| 20 000 | 192.42 | 168.68 | 155.85 | 148.31 | 143.68 | 140.74 |
| 25 000 | 240.53 | 210.85 | 194.81 | 185.39 | 179.60 | 175.93 |
| 30 000 | 288.63 | 253.02 | 233.77 | 222.47 | 215.51 | 211.11 |
| 35 000 | 336.74 | 295.20 | 272.73 | 259.55 | 251.44 | 246.30 |
| 40 000 | 384.84 | 337.36 | 311.69 | 296.63 | 287.35 | 281.48 |
| 45 000 | 432.95 | 379.53 | 350.65 | 333.70 | 323.27 | 316.67 |
| 50 000 | 481.06 | 421.70 | 389.61 | 370.78 | 359.19 | 351.85 |
| 60 000 | 577.27 | 506.04 | 467.54 | 444.94 | 431.03 | 422.22 |
| 70 000 | 673.48 | 590.38 | 545.46 | 519.10 | 502.87 | 492.59 |
| 80 000 | 769.69 | 674.72 | 623.38 | 593.25 | 574.71 | 562.96 |
| 90 000 | 865.90 | 759.06 | 701.31 | 667.41 | 646.55 | 633.34 |
| 100 000 | 962.11 | 843.40 | 779.23 | 741.56 | 718.39 | 703.71 |

## durée du prêt (en années)

| MONTANT | 1 | 2 | 3 | 4 | 5 | 10 |
|---|---|---|---|---|---|---|
| 500 | 43.58 | 22.69 | 15.75 | 12.29 | 10.22 | 6.16 |
| 1 000 | 87.15 | 45.39 | 31.50 | 24.58 | 20.45 | 12.32 |
| 2 000 | 174.30 | 90.78 | 63.00 | 49.16 | 40.89 | 24.64 |
| 3 000 | 261.46 | 136.16 | 94.50 | 73.74 | 61.34 | 36.96 |
| 4 000 | 348.61 | 181.55 | 126.00 | 98.31 | 81.78 | 49.28 |
| 5 000 | 435.76 | 226.94 | 157.50 | 122.90 | 102.23 | 61.60 |
| 6 000 | 522.91 | 272.33 | 189.00 | 147.47 | 122.68 | 73.92 |
| 7 000 | 610.06 | 317.72 | 220.50 | 172.05 | 143.12 | 86.24 |
| 8 000 | 697.21 | 363.11 | 252.00 | 196.63 | 163.57 | 98.56 |
| 9 000 | 784.37 | 408.50 | 283.50 | 221.21 | 184.01 | 110.88 |
| 10 000 | 871.52 | 453.89 | 315.00 | 245.79 | 204.46 | 123.20 |
| 15 000 | 1,307.28 | 680.83 | 472.49 | 368.69 | 306.69 | 184.80 |
| 20 000 | 1,743.04 | 907.77 | 630.00 | 491.58 | 408.92 | 246.40 |
| 25 000 | 2,178.80 | 1,134.71 | 787.49 | 614.48 | 511.15 | 308.01 |
| 30 000 | 2,614.56 | 1,361.66 | 944.99 | 737.37 | 613.38 | 369.61 |
| 35 000 | 3,050.31 | 1,588.60 | 1,102.49 | 860.27 | 715.61 | 431.21 |
| 40 000 | 3,486.07 | 1,815.54 | 1,259.98 | 983.16 | 817.84 | 492.81 |
| 45 000 | 3,921.83 | 2,042.49 | 1,417.48 | 1,106.06 | 920.06 | 554.41 |
| 50 000 | 4,357.59 | 2,269.44 | 1,574.98 | 1,228.95 | 1,022.29 | 616.01 |
| 60 000 | 5,229.11 | 2,723.32 | 1,889.98 | 1,474.75 | 1,226.75 | 739.21 |
| 70 000 | 6,100.63 | 3,177.20 | 2,204.97 | 1,720.54 | 1,431.20 | 862.42 |
| 80 000 | 6,972.15 | 3,631.09 | 2,519.97 | 1,966.33 | 1,635.67 | 985.62 |
| 90 000 | 7,843.67 | 4,084.97 | 2,834.96 | 2,212.11 | 1,840.13 | 1,108.82 |
| 100 000 | 8,715.19 | 4,538.86 | 3,149.96 | 2,457.91 | 2,044.59 | 1,232.02 |

## durée du prêt (en années)

| MONTANT | 15 | 20 | 25 | 30 | 35 | 40 |
|---|---|---|---|---|---|---|
| 500 | 4.88 | 4.29 | 3.98 | 3.79 | 3.68 | 3.61 |
| 1 000 | 9.76 | 8.58 | 7.95 | 7.59 | 7.36 | 7.22 |
| 2 000 | 19.52 | 17.17 | 15.91 | 15.17 | 14.72 | 14.44 |
| 3 000 | 29.28 | 25.76 | 23.86 | 22.76 | 22.08 | 21.66 |
| 4 000 | 39.05 | 34.34 | 31.81 | 30.34 | 29.44 | 28.88 |
| 5 000 | 48.81 | 42.93 | 39.77 | 37.93 | 36.80 | 36.10 |
| 6 000 | 58.57 | 51.51 | 47.72 | 45.51 | 44.16 | 43.32 |
| 7 000 | 68.33 | 60.10 | 55.68 | 53.10 | 51.52 | 50.54 |
| 8 000 | 78.09 | 68.68 | 63.63 | 60.68 | 58.89 | 57.76 |
| 9 000 | 87.85 | 77.27 | 71.58 | 68.27 | 66.25 | 64.98 |
| 10 000 | 97.62 | 85.86 | 79.54 | 75.85 | 73.61 | 72.20 |
| 15 000 | 146.42 | 128.78 | 119.30 | 113.78 | 110.41 | 108.29 |
| 20 000 | 195.23 | 171.71 | 159.07 | 151.71 | 147.21 | 144.39 |
| 25 000 | 244.04 | 214.64 | 198.84 | 189.63 | 184.02 | 180.49 |
| 30 000 | 292.85 | 257.57 | 238.61 | 227.56 | 220.82 | 216.59 |
| 35 000 | 341.66 | 300.50 | 278.38 | 265.49 | 257.62 | 252.68 |
| 40 000 | 390.46 | 343.42 | 318.15 | 303.42 | 294.43 | 288.78 |
| 45 000 | 439.27 | 386.35 | 357.91 | 341.34 | 331.23 | 324.88 |
| 50 000 | 488.08 | 429.28 | 397.68 | 379.27 | 368.03 | 360.98 |
| 60 000 | 585.69 | 515.14 | 477.22 | 455.12 | 441.64 | 433.17 |
| 70 000 | 683.31 | 600.99 | 556.75 | 530.98 | 515.24 | 505.37 |
| 80 000 | 780.93 | 686.85 | 636.29 | 606.83 | 588.85 | 577.56 |
| 90 000 | 878.54 | 772.70 | 715.83 | 682.69 | 662.46 | 649.76 |
| 100 000 | 976.16 | 858.56 | 795.36 | 758.54 | 736.06 | 721.95 |

## durée du prêt (en années)

| MONTANT | 1 | 2 | 3 | 4 | 5 | 10 |
|---|---|---|---|---|---|---|
| 500 | 43.63 | 22.75 | 15.81 | 12.34 | 10.28 | 6.22 |
| 1 000 | 87.26 | 45.50 | 31.61 | 24.69 | 20.56 | 12.45 |
| 2 000 | 174.53 | 91.00 | 63.22 | 49.39 | 41.12 | 24.90 |
| 3 000 | 261.79 | 136.50 | 94.83 | 74.08 | 61.69 | 37.35 |
| 4 000 | 349.05 | 182.00 | 126.45 | 98.77 | 82.25 | 49.80 |
| 5 000 | 436.32 | 227.49 | 158.06 | 123.47 | 102.81 | 62.25 |
| 6 000 | 523.58 | 272.99 | 189.67 | 148.16 | 123.37 | 74.70 |
| 7 000 | 610.80 | 318.49 | 221.28 | 172.85 | 143.94 | 87.14 |
| 8 000 | 698.11 | 363.99 | 252.89 | 197.54 | 164.50 | 99.59 |
| 9 000 | 785.37 | 409.49 | 284.50 | 222.24 | 185.06 | 112.04 |
| 10 000 | 872.64 | 454.99 | 316.11 | 246.93 | 205.62 | 124.49 |
| 15 000 | 1,308.95 | 682.48 | 474.17 | 370.40 | 308.43 | 186.74 |
| 20 000 | 1,745.27 | 909.98 | 632.23 | 493.86 | 411.24 | 248.98 |
| 25 000 | 2,181.59 | 1,137.47 | 790.29 | 617.33 | 514.05 | 311.23 |
| 30 000 | 2,617.91 | 1,364.97 | 948.34 | 740.79 | 616.87 | 373.48 |
| 35 000 | 3,054.23 | 1,592.46 | 1,106.40 | 864.26 | 719.68 | 435.72 |
| 40 000 | 3,490.54 | 1,819.96 | 1,264.46 | 987.72 | 822.49 | 497.97 |
| 45 000 | 3,926.86 | 2,047.45 | 1,422.51 | 1,111.19 | 925.30 | 560.22 |
| 50 000 | 4,363.18 | 2,274.95 | 1,580.57 | 1,234.65 | 1,028.11 | 622.46 |
| 60 000 | 5,235.82 | 2,729.94 | 1,896.68 | 1,481.58 | 1,233.73 | 746.95 |
| 70 000 | 6,108.45 | 3,184.93 | 2,212.80 | 1,728.51 | 1,439.35 | 871.45 |
| 80 000 | 6,981.09 | 3,639.92 | 2,528.91 | 1,975.44 | 1,644.97 | 995.94 |
| 90 000 | 7,853.72 | 4,094.91 | 2,845.03 | 2,222.37 | 1,850.60 | 1,120.43 |
| 100 000 | 8,726.36 | 4,549.90 | 3,161.14 | 2,469.30 | 2,056.22 | 1,244.92 |

## durée du prêt (en années)

| MONTANT | 15 | 20 | 25 | 30 | 35 | 40 |
|---|---|---|---|---|---|---|
| 500 | 4.95 | 4.37 | 4.06 | 3.88 | 3.77 | 3.70 |
| 1 000 | 9.90 | 8.74 | 8.12 | 7.76 | 7.54 | 7.40 |
| 2 000 | 19.81 | 17.48 | 16.23 | 15.51 | 15.08 | 14.81 |
| 3 000 | 29.71 | 26.21 | 24.35 | 23.27 | 22.62 | 22.21 |
| 4 000 | 39.61 | 34.95 | 32.46 | 31.02 | 30.15 | 29.61 |
| 5 000 | 49.51 | 43.69 | 40.58 | 38.78 | 37.69 | 37.02 |
| 6 000 | 59.42 | 52.43 | 48.70 | 46.54 | 45.23 | 44.42 |
| 7 000 | 69.32 | 61.17 | 56.81 | 54.29 | 52.77 | 51.82 |
| 8 000 | 79.22 | 69.91 | 64.93 | 62.05 | 60.31 | 59.22 |
| 9 000 | 89.13 | 78.64 | 73.04 | 69.81 | 67.85 | 66.63 |
| 10 000 | 99.03 | 87.38 | 81.16 | 77.56 | 75.38 | 74.03 |
| 15 000 | 148.54 | 131.07 | 121.74 | 116.34 | 113.08 | 111.05 |
| 20 000 | 198.06 | 174.76 | 162.32 | 155.13 | 150.77 | 148.06 |
| 25 000 | 247.57 | 218.45 | 202.90 | 193.91 | 188.46 | 185.08 |
| 30 000 | 297.09 | 262.15 | 243.48 | 232.69 | 226.15 | 222.09 |
| 35 000 | 346.60 | 305.84 | 284.06 | 271.47 | 263.85 | 259.11 |
| 40 000 | 396.12 | 349.53 | 324.65 | 310.25 | 301.54 | 296.12 |
| 45 000 | 445.63 | 393.22 | 365.23 | 349.03 | 339.23 | 333.14 |
| 50 000 | 495.15 | 436.91 | 405.81 | 387.82 | 376.92 | 370.15 |
| 60 000 | 594.18 | 524.29 | 486.97 | 465.38 | 452.31 | 444.18 |
| 70 000 | 693.21 | 611.68 | 568.13 | 542.94 | 527.69 | 518.21 |
| 80 000 | 792.24 | 699.06 | 649.29 | 620.50 | 603.08 | 592.24 |
| 90 000 | 891.27 | 786.44 | 730.45 | 698.07 | 678.46 | 666.27 |
| 100 000 | 990.29 | 873.82 | 811.61 | 775.63 | 753.85 | 740.30 |

## durée du prêt (en années)

| MONTANT | 1 | 2 | 3 | 4 | 5 | 10 |
|---|---|---|---|---|---|---|
| 500 | 43.69 | 22.81 | 15.86 | 12.40 | 10.34 | 6.29 |
| 1 000 | 87.38 | 45.61 | 31.72 | 24.81 | 20.68 | 12.58 |
| 2 000 | 174.75 | 91.22 | 63.45 | 49.61 | 41.36 | 25.16 |
| 3 000 | 262.13 | 136.83 | 95.17 | 74.42 | 62.04 | 37.74 |
| 4 000 | 349.50 | 182.44 | 126.89 | 99.23 | 82.71 | 50.32 |
| 5 000 | 436.88 | 228.05 | 158.62 | 124.04 | 103.39 | 62.89 |
| 6 000 | 524.25 | 273.66 | 190.34 | 148.84 | 124.07 | 75.47 |
| 7 000 | 611.63 | 319.27 | 222.06 | 173.65 | 144.75 | 88.05 |
| 8 000 | 699.00 | 364.88 | 253.79 | 198.46 | 165.43 | 100.63 |
| 9 000 | 786.38 | 410.48 | 285.51 | 223.26 | 186.11 | 113.21 |
| 10 000 | 873.75 | 456.09 | 317.23 | 248.07 | 206.79 | 125.79 |
| 15 000 | 1,310.63 | 684.14 | 475.85 | 372.11 | 310.18 | 188.68 |
| 20 000 | 1,747.51 | 912.18 | 634.47 | 496.14 | 413.57 | 251.58 |
| 25 000 | 2,184.38 | 1,140.24 | 793.08 | 620.18 | 516.97 | 314.47 |
| 30 000 | 2,621.26 | 1,368.28 | 951.70 | 744.21 | 620.36 | 377.37 |
| 35 000 | 3,058.14 | 1,596.33 | 1,110.32 | 868.25 | 723.76 | 440.26 |
| 40 000 | 3,495.01 | 1,824.38 | 1,268.93 | 992.28 | 827.15 | 503.15 |
| 45 000 | 3,931.89 | 2,052.42 | 1,427.55 | 1,116.32 | 930.54 | 566.05 |
| 50 000 | 4,368.77 | 2,280.47 | 1,586.17 | 1,240.36 | 1,033.94 | 628.94 |
| 60 000 | 5,242.52 | 2,736.57 | 1,903.40 | 1,488.43 | 1,240.72 | 754.73 |
| 70 000 | 6,116.27 | 3,192.66 | 2,220.63 | 1,736.50 | 1,447.51 | 880.52 |
| 80 000 | 6,990.03 | 3,648.75 | 2,537.87 | 1,984.57 | 1,654.30 | 1,006.31 |
| 90 000 | 7,863.78 | 4,104.85 | 2,855.10 | 2,232.64 | 1,861.09 | 1,132.10 |
| 100 000 | 8,737.53 | 4,560.94 | 3,172.33 | 2,480.71 | 2,067.87 | 1,257.89 |

## durée du prêt (en années)

| MONTANT | 15 | 20 | 25 | 30 | 35 | 40 |
|---|---|---|---|---|---|---|
| 500 | 5.02 | 4.45 | 4.14 | 3.96 | 3.86 | 3.79 |
| 1 000 | 10.05 | 8.89 | 8.28 | 7.93 | 7.72 | 7.59 |
| 2 000 | 20.09 | 17.78 | 16.56 | 15.86 | 15.43 | 15.17 |
| 3 000 | 30.14 | 26.68 | 24.84 | 23.78 | 23.15 | 22.76 |
| 4 000 | 40.18 | 35.57 | 33.12 | 31.71 | 30.87 | 30.35 |
| 5 000 | 50.23 | 44.46 | 41.40 | 39.64 | 38.59 | 37.94 |
| 6 000 | 60.27 | 53.35 | 49.68 | 47.57 | 46.30 | 45.52 |
| 7 000 | 70.32 | 62.24 | 57.96 | 55.50 | 54.02 | 53.11 |
| 8 000 | 80.36 | 71.14 | 66.24 | 63.43 | 61.74 | 60.70 |
| 9 000 | 90.41 | 80.03 | 74.52 | 71.35 | 69.46 | 68.29 |
| 10 000 | 100.45 | 88.92 | 82.80 | 79.28 | 77.17 | 75.87 |
| 15 000 | 150.68 | 133.38 | 124.20 | 118.92 | 115.76 | 113.81 |
| 20 000 | 200.90 | 177.84 | 165.60 | 158.57 | 154.35 | 151.75 |
| 25 000 | 251.13 | 222.30 | 206.99 | 198.21 | 192.93 | 189.69 |
| 30 000 | 301.36 | 266.76 | 248.39 | 237.85 | 231.52 | 227.62 |
| 35 000 | 351.58 | 311.22 | 289.79 | 277.49 | 270.11 | 265.56 |
| 40 000 | 401.81 | 355.68 | 331.19 | 317.13 | 308.70 | 303.50 |
| 45 000 | 452.03 | 400.14 | 372.59 | 356.77 | 347.28 | 341.43 |
| 50 000 | 502.26 | 444.59 | 413.99 | 396.42 | 385.87 | 379.37 |
| 60 000 | 602.71 | 533.51 | 496.79 | 475.70 | 463.04 | 455.24 |
| 70 000 | 703.16 | 622.43 | 579.58 | 554.98 | 540.22 | 531.12 |
| 80 000 | 803.62 | 711.35 | 662.38 | 634.27 | 617.39 | 606.99 |
| 90 000 | 904.07 | 800.27 | 745.18 | 713.55 | 694.57 | 682.87 |
| 100 000 | 1,004.52 | 889.19 | 827.98 | 792.83 | 771.74 | 758.74 |

## durée du prêt (en années)

| MONTANT | 1 | 2 | 3 | 4 | 5 | 10 |
|---|---|---|---|---|---|---|
| 500 | 43.74 | 22.86 | 15.92 | 12.46 | 10.40 | 6.35 |
| 1 000 | 87.49 | 45.72 | 31.84 | 24.92 | 20.80 | 12.71 |
| 2 000 | 174.97 | 91.44 | 63.67 | 49.84 | 41.59 | 25.42 |
| 3 000 | 262.46 | 137.16 | 95.51 | 74.76 | 62.39 | 38.13 |
| 4 000 | 349.95 | 182.88 | 127.34 | 99.69 | 83.18 | 50.84 |
| 5 000 | 437.43 | 228.60 | 159.18 | 124.61 | 103.98 | 63.55 |
| 6 000 | 524.92 | 274.32 | 191.01 | 149.53 | 124.77 | 76.25 |
| 7 000 | 612.41 | 320.04 | 222.85 | 174.45 | 145.57 | 88.96 |
| 8 000 | 699.90 | 365.76 | 254.68 | 199.37 | 166.36 | 101.67 |
| 9 000 | 787.38 | 411.48 | 286.52 | 224.29 | 187.16 | 114.38 |
| 10 000 | 874.87 | 457.20 | 318.35 | 249.21 | 207.96 | 127.09 |
| 15 000 | 1,312.31 | 685.80 | 477.53 | 373.82 | 311.93 | 190.64 |
| 20 000 | 1,749.74 | 914.40 | 636.71 | 498.43 | 415.91 | 254.18 |
| 25 000 | 2,187.18 | 1,143.00 | 795.89 | 623.04 | 519.89 | 317.73 |
| 30 000 | 2,624.61 | 1,371.60 | 955.06 | 747.64 | 623.87 | 381.27 |
| 35 000 | 3,062.05 | 1,600.20 | 1,114.24 | 872.25 | 727.84 | 444.82 |
| 40 000 | 3,499.48 | 1,828.80 | 1,273.42 | 996.86 | 831.82 | 508.36 |
| 45 000 | 3,936.92 | 2,057.40 | 1,432.59 | 1,121.46 | 935.80 | 571.91 |
| 50 000 | 4,374.35 | 2,286.00 | 1,591.77 | 1,246.07 | 1,039.78 | 635.45 |
| 60 000 | 5,249.22 | 2,743.19 | 1,910.12 | 1,495.29 | 1,247.73 | 762.55 |
| 70 000 | 6,124.09 | 3,200.39 | 2,228.48 | 1,744.50 | 1,455.69 | 889.64 |
| 80 000 | 6,998.96 | 3,657.59 | 2,546.83 | 1,993.72 | 1,663.65 | 1,016.73 |
| 90 000 | 7,873.83 | 4,114.79 | 2,865.19 | 2,242.93 | 1,871.60 | 1,143.82 |
| 100 000 | 8,748.70 | 4,571.99 | 3,183.54 | 2,492.14 | 2,079.56 | 1,270.91 |

## durée du prêt (en années)

| MONTANT | 15 | 20 | 25 | 30 | 35 | 40 |
|---|---|---|---|---|---|---|
| 500 | 5.09 | 4.52 | 4.22 | 4.05 | 3.95 | 3.89 |
| 1 000 | 10.19 | 9.04 | 8.44 | 8.10 | 7.90 | 7.77 |
| 2 000 | 20.38 | 18.09 | 16.89 | 16.20 | 15.79 | 15.55 |
| 3 000 | 30.56 | 27.14 | 25.33 | 24.30 | 23.69 | 23.32 |
| 4 000 | 40.75 | 36.19 | 33.78 | 32.41 | 31.59 | 31.09 |
| 5 000 | 50.94 | 45.23 | 42.22 | 40.51 | 39.49 | 38.86 |
| 6 000 | 61.13 | 54.28 | 50.67 | 48.61 | 47.38 | 46.66 |
| 7 000 | 71.32 | 63.33 | 59.11 | 56.71 | 55.28 | 54.41 |
| 8 000 | 81.51 | 72.37 | 67.56 | 64.81 | 63.18 | 62.18 |
| 9 000 | 91.69 | 81.42 | 76.00 | 72.91 | 71.08 | 69.95 |
| 10 000 | 101.88 | 90.47 | 84.45 | 81.01 | 78.97 | 77.73 |
| 15 000 | 152.82 | 135.70 | 126.67 | 121.52 | 118.46 | 116.59 |
| 20 000 | 203.77 | 180.93 | 168.89 | 162.03 | 157.95 | 155.45 |
| 25 000 | 254.71 | 226.16 | 211.11 | 202.54 | 197.43 | 194.32 |
| 30 000 | 305.65 | 271.40 | 253.33 | 243.04 | 236.92 | 233.18 |
| 35 000 | 356.59 | 316.63 | 295.56 | 283.55 | 276.40 | 272.04 |
| 40 000 | 407.53 | 361.86 | 337.78 | 324.06 | 315.89 | 310.91 |
| 45 000 | 458.47 | 407.10 | 380.00 | 364.56 | 355.38 | 349.77 |
| 50 000 | 509.41 | 452.33 | 422.22 | 405.07 | 394.86 | 388.63 |
| 60 000 | 611.30 | 542.80 | 506.67 | 486.09 | 473.84 | 466.36 |
| 70 000 | 713.18 | 633.26 | 591.11 | 567.10 | 552.81 | 544.09 |
| 80 000 | 815.06 | 723.73 | 675.56 | 648.11 | 631.78 | 621.81 |
| 90 000 | 916.95 | 814.19 | 760.00 | 729.13 | 710.75 | 699.54 |
| 100 000 | 1,018.83 | 904.66 | 844.45 | 810.14 | 789.73 | 777.27 |

## durée du prêt (en années)

| MONTANT | 1 | 2 | 3 | 4 | 5 | 10 |
|---|---|---|---|---|---|---|
| 500 | 43.80 | 22.92 | 15.97 | 12.52 | 10.46 | 6.42 |
| 1 000 | 87.60 | 45.83 | 31.95 | 25.04 | 20.91 | 12.84 |
| 2 000 | 175.20 | 91.66 | 63.90 | 50.07 | 41.83 | 25.68 |
| 3 000 | 262.80 | 137.49 | 95.84 | 75.11 | 62.74 | 38.52 |
| 4 000 | 350.39 | 183.32 | 127.79 | 100.14 | 83.65 | 51.36 |
| 5 000 | 437.99 | 229.15 | 159.74 | 125.18 | 104.56 | 64.20 |
| 6 000 | 525.59 | 274.98 | 191.69 | 150.22 | 125.48 | 77.04 |
| 7 000 | 613.19 | 320.81 | 223.63 | 175.25 | 146.39 | 89.88 |
| 8 000 | 700.79 | 366.64 | 255.58 | 200.29 | 167.30 | 102.72 |
| 9 000 | 788.39 | 412.47 | 287.53 | 225.32 | 188.21 | 115.56 |
| 10 000 | 875.99 | 458.30 | 319.48 | 250.36 | 209.13 | 128.40 |
| 15 000 | 1,313.98 | 687.46 | 479.21 | 375.54 | 313.69 | 192.60 |
| 20 000 | 1,751.97 | 916.61 | 638.95 | 500.72 | 418.25 | 256.80 |
| 25 000 | 2,189.97 | 1,145.76 | 798.69 | 625.90 | 522.82 | 321.00 |
| 30 000 | 2,627.96 | 1,374.91 | 958.43 | 751.08 | 627.38 | 385.20 |
| 35 000 | 3,065.95 | 1,604.07 | 1,118.17 | 876.26 | 731.94 | 449.40 |
| 40 000 | 3,503.95 | 1,833.22 | 1,277.90 | 1,001.44 | 836.51 | 513.60 |
| 45 000 | 3,941.94 | 2,062.37 | 1,437.64 | 1,126.62 | 941.07 | 577.80 |
| 50 000 | 4,379.93 | 2,291.52 | 1,597.38 | 1,251.80 | 1,045.63 | 642.00 |
| 60 000 | 5,255.92 | 2,749.83 | 1,916.86 | 1,502.16 | 1,254.76 | 770.39 |
| 70 000 | 6,131.90 | 3,208.13 | 2,236.33 | 1,752.52 | 1,463.89 | 898.79 |
| 80 000 | 7,007.89 | 3,666.44 | 2,555.81 | 2,002.88 | 1,673.01 | 1,027.19 |
| 90 000 | 7,883.88 | 4,124.74 | 2,875.29 | 2,253.24 | 1,882.14 | 1,155.59 |
| 100 000 | 8,759.87 | 4,583.04 | 3,194.76 | 2,503.60 | 2,091.27 | 1,283.99 |

## durée du prêt (en années)

| MONTANT | 15 | 20 | 25 | 30 | 35 | 40 |
|---|---|---|---|---|---|---|
| 500 | 5.17 | 4.60 | 4.31 | 4.14 | 4.04 | 3.98 |
| 1 000 | 10.33 | 9.20 | 8.61 | 8.28 | 8.08 | 7.96 |
| 2 000 | 20.66 | 18.40 | 17.22 | 16.55 | 16.16 | 15.92 |
| 3 000 | 31.00 | 27.61 | 25.83 | 24.83 | 24.23 | 23.87 |
| 4 000 | 41.33 | 36.81 | 34.44 | 33.11 | 32.31 | 31.83 |
| 5 000 | 51.66 | 46.01 | 43.05 | 41.38 | 40.39 | 39.79 |
| 6 000 | 61.99 | 55.21 | 51.66 | 49.65 | 48.47 | 47.75 |
| 7 000 | 72.33 | 64.42 | 60.27 | 57.93 | 56.55 | 55.71 |
| 8 000 | 82.66 | 73.62 | 68.88 | 66.20 | 64.63 | 63.67 |
| 9 000 | 92.99 | 82.82 | 77.49 | 74.48 | 72.70 | 71.63 |
| 10 000 | 103.32 | 92.02 | 86.10 | 82.76 | 80.78 | 79.59 |
| 15 000 | 154.98 | 138.03 | 129.15 | 124.13 | 121.17 | 119.38 |
| 20 000 | 206.65 | 184.05 | 172.21 | 165.51 | 161.56 | 159.17 |
| 25 000 | 258.31 | 230.06 | 215.26 | 206.89 | 201.95 | 198.97 |
| 30 000 | 309.97 | 276.07 | 258.31 | 248.27 | 242.34 | 238.76 |
| 35 000 | 361.63 | 322.08 | 301.36 | 289.64 | 282.73 | 278.55 |
| 40 000 | 413.29 | 368.09 | 344.41 | 331.02 | 323.12 | 318.35 |
| 45 000 | 464.95 | 414.10 | 387.46 | 372.40 | 363.51 | 358.14 |
| 50 000 | 516.61 | 460.12 | 430.51 | 413.78 | 403.90 | 397.94 |
| 60 000 | 619.94 | 552.14 | 516.62 | 496.53 | 484.69 | 477.52 |
| 70 000 | 723.26 | 644.16 | 602.72 | 579.29 | 565.47 | 557.11 |
| 80 000 | 826.58 | 736.18 | 688.82 | 662.04 | 646.25 | 636.70 |
| 90 000 | 929.90 | 828.21 | 774.92 | 744.80 | 727.03 | 716.28 |
| 100 000 | 1,033.23 | 920.23 | 861.03 | 827.55 | 807.81 | 795.87 |

## durée du prêt (en années)

| MONTANT | 1 | 2 | 3 | 4 | 5 | 10 |
|---|---|---|---|---|---|---|
| 500 | 43.86 | 22.97 | 16.03 | 12.58 | 10.52 | 6.49 |
| 1 000 | 87.71 | 45.94 | 32.06 | 25.15 | 21.03 | 12.97 |
| 2 000 | 175.42 | 91.88 | 64.12 | 50.30 | 42.06 | 25.94 |
| 3 000 | 263.13 | 137.82 | 96.18 | 75.45 | 63.09 | 38.91 |
| 4 000 | 350.84 | 183.76 | 128.24 | 100.60 | 84.12 | 51.89 |
| 5 000 | 438.55 | 229.71 | 160.30 | 125.75 | 105.15 | 64.86 |
| 6 000 | 526.26 | 275.65 | 192.36 | 150.90 | 126.18 | 77.83 |
| 7 000 | 613.97 | 321.59 | 224.42 | 176.05 | 147.21 | 90.80 |
| 8 000 | 701.68 | 367.53 | 256.48 | 201.21 | 168.24 | 103.77 |
| 9 000 | 789.39 | 413.47 | 288.54 | 226.36 | 189.27 | 116.74 |
| 10 000 | 877.10 | 459.41 | 320.60 | 251.51 | 210.30 | 129.71 |
| 15 000 | 1,315.65 | 689.12 | 480.90 | 377.26 | 315.45 | 194.57 |
| 20 000 | 1,754.21 | 918.82 | 641.20 | 503.01 | 420.60 | 259.43 |
| 25 000 | 2,192.76 | 1,148.53 | 801.50 | 628.77 | 525.75 | 324.28 |
| 30 000 | 2,631.31 | 1,378.23 | 961.80 | 754.52 | 630.90 | 389.14 |
| 35 000 | 3,069.86 | 1,607.94 | 1,122.10 | 880.27 | 736.05 | 454.00 |
| 40 000 | 3,508.41 | 1,837.64 | 1,282.40 | 1,006.03 | 841.20 | 518.85 |
| 45 000 | 3,946.96 | 2,067.35 | 1,442.70 | 1,131.78 | 946.35 | 583.71 |
| 50 000 | 4,385.51 | 2,297.05 | 1,603.00 | 1,257.53 | 1,051.50 | 648.57 |
| 60 000 | 5,262.62 | 2,756.46 | 1,923.59 | 1,509.04 | 1,261.80 | 778.28 |
| 70 000 | 6,139.72 | 3,215.87 | 2,244.19 | 1,760.55 | 1,472.10 | 907.99 |
| 80 000 | 7,016.82 | 3,675.28 | 2,564.79 | 2,012.05 | 1,682.40 | 1,037.70 |
| 90 000 | 7,893.93 | 4,134.69 | 2,885.39 | 2,263.56 | 1,892.70 | 1,167.42 |
| 100 000 | 8,771.03 | 4,594.10 | 3,205.99 | 2,515.07 | 2,103.00 | 1,297.13 |

## durée du prêt (en années)

| MONTANT | 15 | 20 | 25 | 30 | 35 | 40 |
|---|---|---|---|---|---|---|
| 500 | 5.24 | 4.68 | 4.39 | 4.23 | 4.13 | 4.07 |
| 1 000 | 10.48 | 9.36 | 8.78 | 8.45 | 8.26 | 8.14 |
| 2 000 | 20.95 | 18.72 | 17.55 | 16.90 | 16.52 | 16.29 |
| 3 000 | 31.43 | 28.08 | 26.33 | 25.35 | 24.78 | 24.44 |
| 4 000 | 41.91 | 37.44 | 35.11 | 33.80 | 33.03 | 32.58 |
| 5 000 | 52.39 | 46.79 | 43.89 | 42.25 | 41.30 | 40.73 |
| 6 000 | 62.86 | 56.15 | 52.66 | 50.70 | 49.56 | 48.87 |
| 7 000 | 73.34 | 65.51 | 61.44 | 59.15 | 57.82 | 57.02 |
| 8 000 | 83.82 | 74.87 | 70.22 | 67.61 | 66.08 | 65.16 |
| 9 000 | 94.29 | 84.23 | 78.99 | 76.06 | 74.34 | 73.31 |
| 10 000 | 104.77 | 93.59 | 87.77 | 84.51 | 82.60 | 81.45 |
| 15 000 | 157.16 | 140.38 | 131.66 | 126.76 | 123.90 | 122.18 |
| 20 000 | 209.54 | 187.18 | 175.54 | 169.01 | 165.20 | 162.91 |
| 25 000 | 261.93 | 233.97 | 219.43 | 211.27 | 206.49 | 203.64 |
| 30 000 | 314.31 | 280.77 | 263.31 | 253.52 | 247.79 | 244.36 |
| 35 000 | 366.70 | 327.56 | 307.20 | 295.77 | 289.09 | 285.09 |
| 40 000 | 419.08 | 374.36 | 351.08 | 338.03 | 330.39 | 325.82 |
| 45 000 | 471.47 | 421.15 | 394.97 | 380.28 | 371.69 | 366.55 |
| 50 000 | 523.85 | 467.95 | 438.85 | 422.53 | 412.99 | 407.27 |
| 60 000 | 628.62 | 561.54 | 526.62 | 507.04 | 495.59 | 488.73 |
| 70 000 | 733.39 | 655.13 | 614.40 | 591.55 | 578.19 | 570.18 |
| 80 000 | 838.17 | 748.72 | 702.17 | 676.05 | 660.78 | 651.64 |
| 90 000 | 942.94 | 842.31 | 789.94 | 760.56 | 743.38 | 733.09 |
| 100 000 | 1,047.71 | 935.90 | 877.71 | 845.06 | 825.98 | 814.55 |

## durée du prêt (en années)

| MONTANT | 1 | 2 | 3 | 4 | 5 | 10 |
|---|---|---|---|---|---|---|
| 500 | 43.91 | 23.03 | 16.09 | 12.63 | 10.57 | 6.55 |
| 1 000 | 87.82 | 46.05 | 32.17 | 25.27 | 21.15 | 13.10 |
| 2 000 | 175.64 | 92.10 | 64.34 | 50.53 | 42.30 | 26.21 |
| 3 000 | 263.47 | 138.15 | 96.52 | 75.80 | 63.44 | 39.31 |
| 4 000 | 351.29 | 184.21 | 128.69 | 101.06 | 84.59 | 52.41 |
| 5 000 | 439.11 | 230.26 | 160.86 | 126.33 | 105.74 | 65.52 |
| 6 000 | 526.93 | 276.31 | 193.03 | 151.59 | 126.89 | 78.62 |
| 7 000 | 614.75 | 322.36 | 225.21 | 176.86 | 148.03 | 91.72 |
| 8 000 | 702.58 | 368.41 | 257.38 | 202.12 | 169.18 | 104.83 |
| 9 000 | 790.40 | 414.46 | 289.55 | 227.39 | 190.33 | 117.93 |
| 10 000 | 878.22 | 460.52 | 321.72 | 252.66 | 211.48 | 131.03 |
| 15 000 | 1,317.33 | 690.77 | 482.59 | 378.98 | 317.22 | 196.55 |
| 20 000 | 1,756.44 | 921.03 | 643.45 | 505.31 | 422.95 | 262.07 |
| 25 000 | 2,195.55 | 1,151.29 | 804.31 | 631.64 | 528.69 | 327.58 |
| 30 000 | 2,634.66 | 1,381.55 | 965.17 | 757.97 | 634.43 | 393.10 |
| 35 000 | 3,073.77 | 1,611.81 | 1,126.03 | 884.30 | 740.17 | 458.62 |
| 40 000 | 3,512.88 | 1,842.07 | 1,286.89 | 1,010.62 | 845.91 | 524.10 |
| 45 000 | 3,951.98 | 2,072.32 | 1,447.76 | 1,136.95 | 951.65 | 589.65 |
| 50 000 | 4,391.10 | 2,302.58 | 1,608.62 | 1,263.28 | 1,057.38 | 655.17 |
| 60 000 | 5,269.31 | 2,763.10 | 1,930.34 | 1,515.94 | 1,268.86 | 786.20 |
| 70 000 | 6,147.53 | 3,223.62 | 2,252.06 | 1,768.59 | 1,480.34 | 917.24 |
| 80 000 | 7,025.75 | 3,684.13 | 2,573.79 | 2,021.25 | 1,691.82 | 1,048.27 |
| 90 000 | 7,903.97 | 4,144.65 | 2,895.51 | 2,273.90 | 1,903.29 | 1,179.30 |
| 100 000 | 8,782.19 | 4,605.17 | 3,217.23 | 2,526.56 | 2,114.77 | 1,310.34 |

## durée du prêt (en années)

| MONTANT | 15 | 20 | 25 | 30 | 35 | 40 |
|---|---|---|---|---|---|---|
| 500 | 5.31 | 4.76 | 4.47 | 4.31 | 4.22 | 4.17 |
| 1 000 | 10.62 | 9.52 | 8.94 | 8.63 | 8.44 | 8.33 |
| 2 000 | 21.25 | 19.03 | 17.89 | 17.25 | 16.88 | 16.67 |
| 3 000 | 31.87 | 28.55 | 26.83 | 25.88 | 25.37 | 25.00 |
| 4 000 | 42.49 | 38.07 | 35.78 | 34.51 | 33.77 | 33.33 |
| 5 000 | 53.11 | 47.58 | 44.72 | 43.13 | 42.21 | 41.66 |
| 6 000 | 63.74 | 57.10 | 53.67 | 51.76 | 50.65 | 50.00 |
| 7 000 | 74.36 | 66.62 | 62.61 | 60.39 | 59.10 | 58.33 |
| 8 000 | 84.98 | 76.13 | 71.56 | 69.01 | 67.54 | 66.66 |
| 9 000 | 95.60 | 85.65 | 80.50 | 77.64 | 75.98 | 55.00 |
| 10 000 | 106.23 | 95.17 | 89.45 | 86.27 | 84.42 | 83.33 |
| 15 000 | 159.34 | 142.75 | 134.17 | 129.40 | 126.63 | 124.99 |
| 20 000 | 212.45 | 190.33 | 178.90 | 172.53 | 168.85 | 166.66 |
| 25 000 | 265.57 | 237.92 | 223.62 | 215.67 | 211.06 | 208.32 |
| 30 000 | 318.68 | 285.50 | 268.35 | 258.80 | 253.27 | 249.98 |
| 35 000 | 371.79 | 333.08 | 313.07 | 301.93 | 295.48 | 291.65 |
| 40 000 | 424.91 | 380.67 | 357.79 | 345.07 | 337.69 | 333.32 |
| 45 000 | 478.02 | 428.25 | 402.52 | 388.20 | 379.90 | 374.98 |
| 50 000 | 531.13 | 475.83 | 447.24 | 431.33 | 422.12 | 416.65 |
| 60 000 | 637.36 | 571.00 | 536.69 | 517.60 | 506.54 | 499.98 |
| 70 000 | 743.59 | 666.17 | 626.14 | 603.87 | 590.96 | 583.31 |
| 80 000 | 849.82 | 761.33 | 715.59 | 690.13 | 675.39 | 666.64 |
| 90 000 | 956.04 | 856.50 | 805.04 | 776.40 | 759.81 | 749.97 |
| 100 000 | 1,062.27 | 951.66 | 894.49 | 862.67 | 844.23 | 833.30 |

45

## durée du prêt (en années)

| MONTANT | 1 | 2 | 3 | 4 | 5 | 10 |
|---|---|---|---|---|---|---|
| 500 | 43.97 | 23.08 | 16.14 | 12.69 | 10.63 | 6.62 |
| 1 000 | 87.93 | 46.16 | 32.28 | 25.38 | 21.27 | 13.24 |
| 2 000 | 175.87 | 92.32 | 64.57 | 50.76 | 42.53 | 26.47 |
| 3 000 | 263.80 | 138.49 | 96.85 | 76.14 | 63.80 | 39.71 |
| 4 000 | 351.73 | 184.65 | 129.14 | 101.52 | 85.06 | 52.94 |
| 5 000 | 439.67 | 230.81 | 161.42 | 126.90 | 106.33 | 66.18 |
| 6 000 | 527.60 | 276.97 | 193.71 | 152.28 | 127.59 | 79.42 |
| 7 000 | 615.53 | 323.14 | 225.99 | 177.66 | 148.86 | 92.65 |
| 8 000 | 703.47 | 369.30 | 258.28 | 203.05 | 170.12 | 105.89 |
| 9 000 | 791.40 | 415.46 | 290.56 | 228.43 | 191.39 | 119.12 |
| 10 000 | 879.33 | 461.62 | 322.85 | 253.81 | 212.66 | 132.36 |
| 15 000 | 1,319.00 | 692.44 | 484.27 | 380.71 | 318.98 | 198.54 |
| 20 000 | 1,758.67 | 923.25 | 645.70 | 507.61 | 425.31 | 264.72 |
| 25 000 | 2,198.36 | 1,154.06 | 807.12 | 634.52 | 531.64 | 330.90 |
| 30 000 | 2,638.00 | 1,384.87 | 968.55 | 761.42 | 637.97 | 397.08 |
| 35 000 | 3,077.67 | 1,615.68 | 1,129.97 | 888.33 | 744.30 | 463.26 |
| 40 000 | 3,517.34 | 1,846.50 | 1,291.40 | 1,015.22 | 850.62 | 529.44 |
| 45 000 | 3,957.00 | 2,077.31 | 1,452.82 | 1,142.13 | 956.95 | 595.62 |
| 50 000 | 4,396.67 | 2,308.12 | 1,614.25 | 1,269.04 | 1,063.28 | 661.80 |
| 60 000 | 5,276.00 | 2,769.74 | 1,937.09 | 1,522.84 | 1,275.94 | 794.16 |
| 70 000 | 6,155.34 | 3,231.36 | 2,259.94 | 1,776.65 | 1,488.59 | 926.52 |
| 80 000 | 7,034.68 | 3,692.99 | 2,582.79 | 2,030.46 | 1,701.25 | 1,058.88 |
| 90 000 | 7,914.01 | 4,154.61 | 2,905.64 | 2,284.26 | 1,913.91 | 1,191.24 |
| 100 000 | 8,793.34 | 4,616.23 | 3,228.49 | 2,538.07 | 2,126.56 | 1,323.60 |

## durée du prêt (en années)

| MONTANT | 15 | 20 | 25 | 30 | 35 | 40 |
|---|---|---|---|---|---|---|
| 500 | 5.38 | 4.84 | 4.56 | 4.40 | 4.31 | 4.26 |
| 1 000 | 10.77 | 9.68 | 9.11 | 8.80 | 8.63 | 8.52 |
| 2 000 | 21.54 | 19.35 | 18.23 | 17.61 | 17.25 | 17.04 |
| 3 000 | 32.31 | 29.03 | 27.34 | 26.41 | 25.88 | 25.56 |
| 4 000 | 43.08 | 38.70 | 36.45 | 35.21 | 34.50 | 34.08 |
| 5 000 | 53.85 | 48.38 | 45.57 | 44.02 | 43.13 | 42.61 |
| 6 000 | 64.61 | 58.05 | 54.68 | 52.82 | 51.75 | 51.13 |
| 7 000 | 75.38 | 67.73 | 63.80 | 61.63 | 60.38 | 59.65 |
| 8 000 | 86.15 | 77.40 | 72.91 | 70.43 | 69.00 | 68.17 |
| 9 000 | 96.92 | 87.08 | 82.02 | 79.23 | 77.63 | 76.69 |
| 10 000 | 107.69 | 96.75 | 91.14 | 88.04 | 86.26 | 85.21 |
| 15 000 | 161.54 | 145.13 | 136.70 | 132.05 | 129.38 | 127.82 |
| 20 000 | 215.38 | 193.50 | 182.27 | 176.07 | 172.51 | 170.42 |
| 25 000 | 269.23 | 241.88 | 227.84 | 220.09 | 215.64 | 213.03 |
| 30 000 | 323.07 | 290.26 | 273.41 | 264.11 | 258.77 | 255.63 |
| 35 000 | 376.92 | 338.63 | 318.98 | 308.13 | 301.90 | 298.24 |
| 40 000 | 430.77 | 387.01 | 364.54 | 352.14 | 345.02 | 340.84 |
| 45 000 | 484.61 | 435.39 | 410.11 | 396.16 | 388.15 | 383.45 |
| 50 000 | 538.46 | 483.76 | 455.68 | 440.18 | 431.28 | 426.05 |
| 60 000 | 646.15 | 580.51 | 546.82 | 528.22 | 517.54 | 511.27 |
| 70 000 | 753.84 | 677.27 | 637.95 | 616.25 | 603.79 | 596.48 |
| 80 000 | 861.50 | 774.02 | 729.09 | 704.29 | 690.05 | 681.69 |
| 90 000 | 969.22 | 870.77 | 820.23 | 792.33 | 776.31 | 766.90 |
| 100 000 | 1,076.91 | 967.52 | 911.36 | 880.36 | 862.56 | 852.11 |

## durée du prêt (en années)

| MONTANT | 1 | 2 | 3 | 4 | 5 | 10 |
|---|---|---|---|---|---|---|
| 500 | 44.02 | 23.14 | 16.20 | 12.75 | 10.70 | 6.68 |
| 1 000 | 88.04 | 46.27 | 32.40 | 25.50 | 21.38 | 13.37 |
| 2 000 | 176.09 | 92.55 | 64.80 | 50.99 | 42.77 | 26.74 |
| 3 000 | 264.13 | 138.82 | 97.19 | 76.49 | 64.15 | 40.11 |
| 4 000 | 352.18 | 185.09 | 129.59 | 101.98 | 85.54 | 53.48 |
| 5 000 | 440.22 | 231.37 | 161.99 | 127.48 | 106.92 | 66.85 |
| 6 000 | 528.27 | 277.64 | 194.39 | 152.98 | 128.30 | 80.22 |
| 7 000 | 616.31 | 323.91 | 226.78 | 178.47 | 149.69 | 93.58 |
| 8 000 | 704.36 | 370.18 | 259.18 | 203.97 | 171.07 | 106.95 |
| 9 000 | 792.40 | 416.46 | 291.58 | 229.46 | 192.45 | 120.32 |
| 10 000 | 880.45 | 462.73 | 323.98 | 254.96 | 213.84 | 133.69 |
| 15 000 | 1,320.67 | 694.10 | 485.96 | 382.44 | 320.76 | 200.54 |
| 20 000 | 1,760.90 | 925.46 | 647.95 | 509.92 | 427.68 | 267.38 |
| 25 000 | 2,201.12 | 1,156.83 | 809.94 | 637.40 | 534.60 | 334.23 |
| 30 000 | 2,641.35 | 1,388.19 | 971.93 | 764.88 | 641.51 | 401.08 |
| 35 000 | 3,081.57 | 1,619.56 | 1,133.92 | 892.36 | 748.43 | 467.92 |
| 40 000 | 3,521.80 | 1,850.92 | 1,295.90 | 1,019.84 | 855.35 | 534.77 |
| 45 000 | 3,962.02 | 2,082.29 | 1,457.89 | 1,147.32 | 962.27 | 601.61 |
| 50 000 | 4,402.25 | 2,313.65 | 1,619.88 | 1,274.80 | 1,069.19 | 668.46 |
| 60 000 | 5,282.70 | 2,776.38 | 1,943.86 | 1,529.76 | 1,283.03 | 802.15 |
| 70 000 | 6,163.15 | 3,239.12 | 2,267.83 | 1,784.72 | 1,496.87 | 935.84 |
| 80 000 | 7,043.60 | 3,701.85 | 2,591.81 | 2,039.68 | 1,710.70 | 1,069.53 |
| 90 000 | 7,924.05 | 4,164.58 | 2,915.78 | 2,294.64 | 1,924.54 | 1,203.23 |
| 100 000 | 8,804.50 | 4,627.31 | 3,239.76 | 2,549.60 | 2,138.38 | 1,336.92 |

## durée du prêt (en années)

| MONTANT | 15 | 20 | 25 | 30 | 35 | 40 |
|---|---|---|---|---|---|---|
| 500 | 5.46 | 4.92 | 4.64 | 4.49 | 4.40 | 4.35 |
| 1 000 | 10.92 | 9.83 | 9.28 | 8.98 | 8.81 | 8.71 |
| 2 000 | 21.83 | 19.67 | 18.57 | 17.96 | 17.62 | 17.42 |
| 3 000 | 32.75 | 29.50 | 27.85 | 26.94 | 26.43 | 26.13 |
| 4 000 | 43.67 | 39.34 | 37.13 | 35.93 | 35.24 | 34.84 |
| 5 000 | 54.58 | 49.17 | 46.42 | 44.91 | 44.05 | 43.55 |
| 6 000 | 65.50 | 59.01 | 55.70 | 53.89 | 52.86 | 52.26 |
| 7 000 | 76.41 | 68.84 | 64.98 | 62.87 | 61.67 | 60.97 |
| 8 000 | 87.33 | 78.68 | 74.27 | 71.85 | 70.47 | 69.68 |
| 9 000 | 98.25 | 88.51 | 83.55 | 80.83 | 79.29 | 78.39 |
| 10 000 | 109.16 | 98.35 | 92.83 | 89.81 | 88.10 | 87.10 |
| 15 000 | 163.75 | 147.52 | 139.25 | 134.72 | 132.14 | 130.65 |
| 20 000 | 218.33 | 196.69 | 185.67 | 179.63 | 176.19 | 174.20 |
| 25 000 | 272.91 | 245.87 | 232.08 | 224.54 | 220.24 | 217.75 |
| 30 000 | 327.49 | 295.04 | 278.50 | 269.44 | 264.29 | 261.29 |
| 35 000 | 382.07 | 344.22 | 324.92 | 314.35 | 308.34 | 304.84 |
| 40 000 | 436.66 | 393.39 | 371.33 | 359.26 | 352.39 | 348.39 |
| 45 000 | 491.24 | 442.56 | 417.75 | 404.16 | 396.43 | 391.94 |
| 50 000 | 545.82 | 491.74 | 464.16 | 449.07 | 440.48 | 435.49 |
| 60 000 | 654.98 | 590.08 | 557.00 | 538.88 | 528.58 | 522.59 |
| 70 000 | 764.15 | 688.43 | 649.83 | 628.70 | 616.68 | 609.69 |
| 80 000 | 873.31 | 786.78 | 742.66 | 718.51 | 704.77 | 696.78 |
| 90 000 | 982.48 | 885.13 | 835.50 | 808.33 | 792.87 | 783.88 |
| 100 000 | 1,091.64 | 983.47 | 928.33 | 898.14 | 880.97 | 870.98 |

## durée du prêt (en années)

| MONTANT | 1 | 2 | 3 | 4 | 5 | 10 |
|---|---|---|---|---|---|---|
| 500 | 44.08 | 23.19 | 16.26 | 12.81 | 10.75 | 6.75 |
| 1 000 | 88.16 | 46.38 | 32.51 | 25.61 | 21.50 | 13.50 |
| 2 000 | 176.31 | 92.77 | 65.02 | 51.22 | 43.00 | 27.01 |
| 3 000 | 264.47 | 139.15 | 97.53 | 76.83 | 64.51 | 40.51 |
| 4 000 | 352.63 | 185.54 | 130.04 | 102.45 | 86.01 | 54.01 |
| 5 000 | 440.78 | 231.92 | 162.55 | 128.06 | 107.51 | 67.51 |
| 6 000 | 528.94 | 278.30 | 195.06 | 153.67 | 129.01 | 81.02 |
| 7 000 | 617.10 | 324.69 | 227.57 | 179.28 | 150.52 | 94.52 |
| 8 000 | 705.25 | 371.07 | 260.09 | 204.89 | 172.09 | 108.02 |
| 9 000 | 793.41 | 417.45 | 292.59 | 230.50 | 193.52 | 121.53 |
| 10 000 | 881.56 | 463.84 | 325.10 | 256.11 | 215.20 | 135.03 |
| 15 000 | 1,322.35 | 695.76 | 487.66 | 384.17 | 322.53 | 202.54 |
| 20 000 | 1,763.13 | 927.68 | 650.21 | 512.23 | 430.05 | 270.06 |
| 25 000 | 2,203.91 | 1,159.60 | 812.76 | 640.29 | 537.56 | 337.57 |
| 30 000 | 2,644.69 | 1,391.52 | 975.31 | 768.35 | 645.07 | 405.09 |
| 35 000 | 3,085.48 | 1,623.43 | 1,137.86 | 896.40 | 752.58 | 472.60 |
| 40 000 | 3,526.26 | 1,855.35 | 1,300.42 | 1,024.46 | 860.09 | 540.12 |
| 45 000 | 3,967.04 | 2,087.27 | 1,462.97 | 1,152.52 | 967.60 | 607.63 |
| 50 000 | 4,407.82 | 2,319.19 | 1,625.52 | 1,280.58 | 1,075.11 | 675.15 |
| 60 000 | 5,289.39 | 2,783.03 | 1,950.62 | 1,536.69 | 1,290.14 | 810.18 |
| 70 000 | 6,170.95 | 3,246.87 | 2,275.73 | 1,792.81 | 1,505.16 | 945.21 |
| 80 000 | 7,052.52 | 3,710.71 | 2,600.83 | 2,048.92 | 1,720.18 | 1,080.24 |
| 90 000 | 7,934.08 | 4,174.55 | 2,925.94 | 2,305.04 | 1,935.20 | 1,215.26 |
| 100 000 | 8,815.65 | 4,638.38 | 3,251.04 | 2,561.15 | 2,150.23 | 1,350.29 |

## durée du prêt (en années)

| MONTANT | 15 | 20 | 25 | 30 | 35 | 40 |
|---|---|---|---|---|---|---|
| 500 | 5.53 | 5.00 | 4.73 | 4.58 | 4.50 | 4.45 |
| 1 000 | 11.06 | 10.00 | 9.45 | 9.16 | 8.99 | 8.90 |
| 2 000 | 22.13 | 19.99 | 18.91 | 18.32 | 17.99 | 17.80 |
| 3 000 | 33.19 | 29.99 | 28.36 | 27.48 | 26.98 | 26.70 |
| 4 000 | 44.26 | 39.98 | 37.82 | 36.64 | 35.98 | 35.60 |
| 5 000 | 55.32 | 49.98 | 47.27 | 45.80 | 44.97 | 44.50 |
| 6 000 | 66.39 | 59.97 | 56.72 | 54.96 | 53.97 | 53.39 |
| 7 000 | 77.45 | 69.97 | 66.18 | 64.12 | 62.96 | 62.29 |
| 8 000 | 88.52 | 79.96 | 75.63 | 73.28 | 71.96 | 71.19 |
| 9 000 | 99.58 | 89.96 | 85.08 | 82.44 | 80.95 | 80.09 |
| 10 000 | 110.64 | 99.95 | 94.54 | 91.60 | 89.94 | 88.99 |
| 15 000 | 165.97 | 149.93 | 141.81 | 137.40 | 134.92 | 133.49 |
| 20 000 | 221.29 | 199.90 | 189.08 | 183.20 | 179.89 | 177.98 |
| 25 000 | 276.61 | 249.88 | 236.35 | 229.00 | 224.86 | 222.48 |
| 30 000 | 331.93 | 299.85 | 283.62 | 274.80 | 269.83 | 266.97 |
| 35 000 | 387.26 | 349.83 | 330.89 | 320.60 | 314.80 | 311.47 |
| 40 000 | 442.58 | 399.81 | 378.15 | 366.40 | 359.78 | 355.96 |
| 45 000 | 497.90 | 449.78 | 425.42 | 412.20 | 404.75 | 400.46 |
| 50 000 | 553.22 | 499.76 | 472.69 | 458.00 | 449.72 | 444.95 |
| 60 000 | 663.87 | 599.71 | 567.23 | 549.60 | 539.66 | 533.94 |
| 70 000 | 774.51 | 699.66 | 661.77 | 641.20 | 629.61 | 622.93 |
| 80 000 | 885.16 | 799.61 | 756.31 | 732.80 | 719.55 | 711.92 |
| 90 000 | 995.81 | 899.56 | 850.85 | 824.40 | 809.49 | 800.91 |
| 100 000 | 1,106.44 | 999.51 | 945.39 | 916.00 | 899.44 | 889.91 |

## durée du prêt (en années)

| MONTANT | 1 | 2 | 3 | 4 | 5 | 10 |
|---|---|---|---|---|---|---|
| 500 | 44.13 | 23.25 | 16.31 | 12.86 | 10.81 | 6.81 |
| 1 000 | 88.27 | 46.49 | 32.62 | 25.73 | 21.62 | 13.64 |
| 2 000 | 176.54 | 92.99 | 65.25 | 51.45 | 43.24 | 27.27 |
| 3 000 | 264.80 | 139.48 | 97.87 | 77.18 | 64.86 | 40.91 |
| 4 000 | 353.07 | 185.98 | 130.49 | 102.91 | 86.48 | 54.55 |
| 5 000 | 441.34 | 232.47 | 163.12 | 128.64 | 108.10 | 68.19 |
| 6 000 | 529.61 | 278.97 | 195.74 | 154.36 | 129.73 | 81.82 |
| 7 000 | 617.88 | 325.46 | 228.36 | 180.09 | 151.35 | 95.46 |
| 8 000 | 706.14 | 371.96 | 260.99 | 205.82 | 172.97 | 109.10 |
| 9 000 | 794.41 | 418.45 | 293.61 | 231.55 | 194.59 | 122.74 |
| 10 000 | 882.68 | 464.95 | 326.23 | 257.27 | 216.21 | 136.37 |
| 15 000 | 1,324.01 | 697.42 | 489.35 | 385.91 | 324.31 | 204.56 |
| 20 000 | 1,765.36 | 929.89 | 652.47 | 514.54 | 432.42 | 272.75 |
| 25 000 | 2,206.70 | 1,162.37 | 815.58 | 643.18 | 540.52 | 340.93 |
| 30 000 | 2,648.04 | 1,394.84 | 978.70 | 771.82 | 648.63 | 409.12 |
| 35 000 | 3,089.38 | 1,627.31 | 1,141.82 | 900.45 | 756.73 | 477.31 |
| 40 000 | 3,530.72 | 1,859.79 | 1,304.93 | 1,029.09 | 864.84 | 545.49 |
| 45 000 | 3,972.06 | 2,092.26 | 1,468.05 | 1,157.73 | 972.94 | 613.68 |
| 50 000 | 4,413.40 | 2,324.73 | 1,631.17 | 1,286.36 | 1,081.05 | 681.86 |
| 60 000 | 5,296.08 | 2,789.68 | 1,957.40 | 1,543.63 | 1,297.26 | 818.24 |
| 70 000 | 6,178.75 | 3,254.63 | 2,283.63 | 1,800.91 | 1,513.47 | 954.61 |
| 80 000 | 7,061.43 | 3,719.57 | 2,609.87 | 2,058.18 | 1,729.68 | 1,090.98 |
| 90 000 | 7,944.11 | 4,184.52 | 2,936.10 | 2,315.45 | 1,945.89 | 1,227.36 |
| 100 000 | 8,826.79 | 4,649.47 | 3,262.33 | 2,572.72 | 2,162.10 | 1,363.73 |

### durée du prêt (en années)

| MONTANT | 15 | 20 | 25 | 30 | 35 | 40 |
|---|---|---|---|---|---|---|
| 500 | 5.61 | 5.08 | 4.81 | 4.67 | 4.59 | 4.54 |
| 1 000 | 11.21 | 10.16 | 9.63 | 9.34 | 9.18 | 9.09 |
| 2 000 | 22.43 | 20.31 | 19.25 | 18.68 | 18.36 | 18.18 |
| 3 000 | 33.64 | 30.47 | 28.88 | 28.02 | 27.54 | 27.27 |
| 4 000 | 44.85 | 40.63 | 38.50 | 37.36 | 36.72 | 36.36 |
| 5 000 | 56.07 | 50.78 | 48.13 | 46.70 | 45.90 | 45.44 |
| 6 000 | 67.28 | 60.94 | 57.75 | 56.04 | 55.08 | 54.53 |
| 7 000 | 78.49 | 71.09 | 67.38 | 65.38 | 64.26 | 63.62 |
| 8 000 | 89.71 | 81.25 | 77.00 | 74.72 | 73.44 | 72.71 |
| 9 000 | 100.92 | 91.41 | 86.63 | 84.05 | 82.62 | 81.80 |
| 10 000 | 112.13 | 101.56 | 96.25 | 93.39 | 91.80 | 90.89 |
| 15 000 | 168.20 | 152.35 | 144.38 | 140.09 | 137.70 | 136.33 |
| 20 000 | 224.27 | 203.13 | 192.51 | 186.79 | 183.59 | 181.78 |
| 25 000 | 280.33 | 253.91 | 240.63 | 233.48 | 229.49 | 227.22 |
| 30 000 | 336.40 | 304.69 | 288.76 | 280.18 | 275.39 | 272.66 |
| 35 000 | 392.46 | 355.47 | 336.89 | 326.88 | 321.29 | 318.11 |
| 40 000 | 448.53 | 406.26 | 385.01 | 373.58 | 367.19 | 363.55 |
| 45 000 | 504.60 | 457.04 | 433.14 | 420.27 | 413.09 | 409.00 |
| 50 000 | 560.66 | 507.82 | 481.26 | 466.97 | 458.99 | 454.45 |
| 60 000 | 672.80 | 609.38 | 577.52 | 560.36 | 550.78 | 545.38 |
| 70 000 | 784.93 | 710.95 | 673.77 | 653.76 | 642.58 | 636.22 |
| 80 000 | 897.06 | 812.51 | 770.02 | 747.15 | 734.38 | 727.10 |
| 90 000 | 1,009.19 | 914.08 | 866.28 | 840.54 | 826.18 | 817.99 |
| 100 000 | 1,121.33 | 1,015.64 | 962.53 | 933.94 | 917.97 | 908.88 |

# 11 ¼ % PAIEMENTS MENSUELS

## durée du prêt (en années)

| MONTANT | 1 | 2 | 3 | 4 | 5 | 10 |
|---|---|---|---|---|---|---|
| 500 | 44.19 | 23.30 | 16.37 | 12.92 | 10.87 | 6.89 |
| 1 000 | 88.38 | 46.61 | 32.74 | 25.84 | 21.74 | 13.77 |
| 2 000 | 176.76 | 93.21 | 65.47 | 51.69 | 43.48 | 27.54 |
| 3 000 | 265.14 | 139.82 | 98.21 | 77.53 | 65.22 | 41.32 |
| 4 000 | 353.52 | 186.42 | 130.95 | 103.37 | 89.96 | 55.09 |
| 5 000 | 441.90 | 233.03 | 163.68 | 129.22 | 108.70 | 68.86 |
| 6 000 | 530.28 | 279.63 | 196.42 | 155.06 | 130.44 | 82.63 |
| 7 000 | 618.66 | 326.24 | 229.15 | 180.90 | 152.18 | 96.41 |
| 8 000 | 707.03 | 372.84 | 261.89 | 206.74 | 173.92 | 110.18 |
| 9 000 | 795.41 | 419.45 | 294.63 | 232.59 | 195.66 | 123.95 |
| 10 000 | 883.79 | 466.06 | 327.36 | 258.43 | 217.40 | 137.72 |
| 15 000 | 1,325.69 | 699.08 | 491.05 | 387.65 | 326.10 | 206.58 |
| 20 000 | 1,767.59 | 932.11 | 654.73 | 516.86 | 434.80 | 275.44 |
| 25 000 | 2,209.48 | 1,165.14 | 818.41 | 646.08 | 543.50 | 344.30 |
| 30 000 | 2,651.38 | 1,398.17 | 982.09 | 775.29 | 652.20 | 413.17 |
| 35 000 | 3,093.28 | 1,631.19 | 1,145.77 | 904.51 | 760.90 | 482.03 |
| 40 000 | 3,535.17 | 1,864.22 | 1,309.45 | 1,033.72 | 869.60 | 550.89 |
| 45 000 | 3,977.07 | 2,097.25 | 1,473.14 | 1,162.94 | 978.30 | 619.75 |
| 50 000 | 4,418.97 | 2,330.28 | 1,636.82 | 1,292.16 | 1,087.00 | 688.61 |
| 60 000 | 5,302.76 | 2,796.33 | 1,964.18 | 1,550.59 | 1,305.00 | 826.33 |
| 70 000 | 6,186.55 | 3,262.39 | 2,291.50 | 1,809.01 | 1,521.80 | 964.05 |
| 80 000 | 7,070.35 | 3,728.44 | 2,618.91 | 2,067.45 | 1,739.20 | 1,101.78 |
| 90 000 | 7,954.14 | 4,194.50 | 2,946.27 | 2,325.88 | 1,956.60 | 1,239.50 |
| 100 000 | 8,837.93 | 4,660.55 | 3,273.64 | 2,584.31 | 2,174.00 | 1,377.22 |

## durée du prêt (en années)

| MONTANT | 15 | 20 | 25 | 30 | 35 | 40 |
|---|---|---|---|---|---|---|
| 500 | 5.68 | 5.16 | 4.90 | 4.76 | 4.68 | 4.64 |
| 1 000 | 11.36 | 10.32 | 9.80 | 9.52 | 9.37 | 9.28 |
| 2 000 | 22.72 | 20.64 | 19.60 | 19.04 | 18.73 | 18.56 |
| 3 000 | 34.09 | 30.96 | 29.39 | 28.56 | 28.10 | 27.84 |
| 4 000 | 45.45 | 41.27 | 39.19 | 38.08 | 37.46 | 37.12 |
| 5 000 | 56.81 | 51.59 | 48.99 | 47.60 | 46.83 | 46.40 |
| 6 000 | 68.18 | 61.91 | 58.79 | 57.12 | 56.19 | 55.67 |
| 7 000 | 79.54 | 72.23 | 68.58 | 66.64 | 65.56 | 64.95 |
| 8 000 | 90.90 | 82.55 | 78.38 | 76.16 | 74.93 | 74.23 |
| 9 000 | 102.27 | 92.87 | 88.18 | 85.68 | 84.29 | 83.51 |
| 10 000 | 113.63 | 103.19 | 97.98 | 95.19 | 93.66 | 92.79 |
| 15 000 | 170.44 | 154.78 | 146.96 | 142.79 | 140.49 | 139.18 |
| 20 000 | 227.26 | 206.37 | 195.95 | 190.39 | 187.31 | 185.58 |
| 25 000 | 284.07 | 257.96 | 244.94 | 237.99 | 234.14 | 231.98 |
| 30 000 | 340.89 | 309.56 | 293.93 | 285.58 | 280.97 | 278.37 |
| 35 000 | 397.70 | 361.15 | 342.91 | 333.18 | 327.80 | 324.76 |
| 40 000 | 454.51 | 412.74 | 391.90 | 380.78 | 374.63 | 371.16 |
| 45 000 | 511.33 | 464.33 | 440.89 | 428.38 | 421.46 | 417.55 |
| 50 000 | 568.14 | 515.93 | 489.88 | 475.97 | 468.29 | 463.95 |
| 60 000 | 681.77 | 619.11 | 587.85 | 571.17 | 561.94 | 556.74 |
| 70 000 | 795.40 | 722.30 | 685.83 | 666.36 | 655.60 | 649.53 |
| 80 000 | 909.03 | 825.48 | 783.80 | 761.56 | 749.26 | 742.32 |
| 90 000 | 1,022.66 | 928.67 | 881.78 | 856.75 | 842.91 | 835.11 |
| 100 000 | 1,136.29 | 1,031.85 | 979.75 | 951.95 | 936.57 | 927.90 |

## durée du prêt (en années)

| MONTANT | 1 | 2 | 3 | 4 | 5 | 10 |
|---|---|---|---|---|---|---|
| 500 | 44.25 | 23.36 | 16.42 | 12.98 | 10.93 | 6.95 |
| 1 000 | 88.49 | 46.72 | 32.85 | 25.96 | 21.86 | 13.91 |
| 2 000 | 176.98 | 93.43 | 65.70 | 51.91 | 43.72 | 27.82 |
| 3 000 | 265.47 | 140.15 | 98.55 | 77.88 | 65.58 | 41.72 |
| 4 000 | 353.96 | 186.87 | 131.40 | 103.84 | 87.44 | 55.63 |
| 5 000 | 442.45 | 233.58 | 164.25 | 129.80 | 109.30 | 69.54 |
| 6 000 | 530.94 | 280.30 | 197.10 | 155.76 | 131.16 | 83.45 |
| 7 000 | 619.44 | 327.02 | 229.95 | 181.71 | 153.01 | 97.35 |
| 8 000 | 707.93 | 373.73 | 262.80 | 207.67 | 174.87 | 111.26 |
| 9 000 | 796.42 | 420.45 | 295.65 | 233.63 | 196.73 | 125.17 |
| 10 000 | 884.91 | 467.16 | 328.50 | 259.59 | 218.59 | 139.08 |
| 15 000 | 1,327.36 | 700.75 | 492.74 | 389.39 | 327.89 | 208.62 |
| 20 000 | 1,769.81 | 934.33 | 656.99 | 519.18 | 437.18 | 278.15 |
| 25 000 | 2,212.27 | 1,167.91 | 821.24 | 648.98 | 546.48 | 347.69 |
| 30 000 | 2,654.72 | 1,401.49 | 985.49 | 778.78 | 655.78 | 417.23 |
| 35 000 | 3,097.17 | 1,635.08 | 1,149.73 | 908.57 | 765.07 | 486.77 |
| 40 000 | 3,539.63 | 1,868.66 | 1,313.98 | 1,038.37 | 874.37 | 556.31 |
| 45 000 | 3,982.08 | 2,102.24 | 1,478.23 | 1,168.16 | 983.66 | 625.85 |
| 50 000 | 4,424.54 | 2,335.82 | 1,642.48 | 1,297.96 | 1,092.96 | 695.38 |
| 60 000 | 5,309.44 | 2,802.99 | 1,970.97 | 1,557.55 | 1,311.55 | 834.46 |
| 70 000 | 6,194.35 | 3,270.15 | 2,299.47 | 1,817.14 | 1,530.14 | 973.54 |
| 80 000 | 7,079.26 | 3,737.31 | 2,627.96 | 2,076.74 | 1,748.74 | 1,112.61 |
| 90 000 | 7,964.17 | 4,204.48 | 2,956.46 | 2,336.33 | 1,967.33 | 1,251.69 |
| 100 000 | 8,849.07 | 4,671.65 | 3,284.95 | 2,595.92 | 2,185.92 | 1,390.77 |

## durée du prêt (en années)

| MONTANT | 15 | 20 | 25 | 30 | 35 | 40 |
|---|---|---|---|---|---|---|
| 500 | 5.76 | 5.24 | 4.99 | 4.85 | 4.78 | 4.73 |
| 1 000 | 11.51 | 10.48 | 9.97 | 9.70 | 9.55 | 9.47 |
| 2 000 | 23.03 | 20.96 | 19.94 | 19.40 | 19.10 | 18.94 |
| 3 000 | 34.54 | 31.44 | 29.91 | 29.10 | 28.66 | 28.41 |
| 4 000 | 46.05 | 41.93 | 39.88 | 38.80 | 38.21 | 37.88 |
| 5 000 | 57.57 | 52.41 | 49.85 | 48.50 | 47.76 | 47.35 |
| 6 000 | 69.08 | 62.89 | 59.82 | 58.20 | 57.31 | 56.82 |
| 7 000 | 80.59 | 73.37 | 69.79 | 67.90 | 66.87 | 66.29 |
| 8 000 | 92.11 | 83.85 | 79.76 | 77.60 | 76.42 | 75.76 |
| 9 000 | 103.62 | 94.33 | 89.73 | 87.30 | 85.97 | 85.23 |
| 10 000 | 115.13 | 104.81 | 99.71 | 97.00 | 95.52 | 94.70 |
| 15 000 | 172.70 | 157.22 | 149.56 | 145.50 | 143.28 | 142.04 |
| 20 000 | 230.26 | 209.63 | 199.41 | 194.01 | 191.04 | 189.39 |
| 25 000 | 287.83 | 262.04 | 249.27 | 242.51 | 238.81 | 236.74 |
| 30 000 | 345.40 | 314.44 | 299.12 | 291.01 | 286.57 | 284.09 |
| 35 000 | 402.96 | 366.85 | 348.97 | 339.51 | 334.34 | 331.44 |
| 40 000 | 460.53 | 419.26 | 398.82 | 388.01 | 382.09 | 378.78 |
| 45 000 | 518.09 | 471.67 | 448.68 | 436.51 | 429.85 | 426.13 |
| 50 000 | 575.66 | 524.07 | 498.53 | 485.02 | 477.61 | 473.48 |
| 60 000 | 690.80 | 628.89 | 598.24 | 582.02 | 573.13 | 568.18 |
| 70 000 | 805.92 | 733.70 | 697.94 | 679.02 | 668.66 | 662.87 |
| 80 000 | 921.06 | 838.52 | 797.65 | 776.02 | 764.18 | 757.57 |
| 90 000 | 1,036.19 | 943.33 | 897.35 | 873.03 | 859.70 | 852.26 |
| 100 000 | 1,151.32 | 1,048.15 | 997.06 | 970.03 | 955.22 | 946.96 |

# 11 ¾ % PAIEMENTS MENSUELS

## durée du prêt (en années)

| MONTANT | 1 | 2 | 3 | 4 | 5 | 10 |
|---|---|---|---|---|---|---|
| 500 | 44.30 | 23.41 | 16.48 | 13.03 | 10.99 | 7.02 |
| 1 000 | 88.60 | 46.83 | 32.96 | 26.08 | 21.98 | 14.04 |
| 2 000 | 177.20 | 93.65 | 65.93 | 52.15 | 43.96 | 28.09 |
| 3 000 | 265.81 | 140.48 | 98.89 | 78.23 | 65.94 | 42.13 |
| 4 000 | 354.41 | 187.31 | 131.85 | 104.30 | 87.91 | 56.17 |
| 5 000 | 443.01 | 234.14 | 164.81 | 130.38 | 109.89 | 70.22 |
| 6 000 | 531.61 | 280.96 | 197.78 | 156.45 | 131.87 | 84.26 |
| 7 000 | 620.21 | 327.79 | 230.74 | 182.53 | 153.85 | 98.31 |
| 8 000 | 708.82 | 374.62 | 263.70 | 208.60 | 175.83 | 112.35 |
| 9 000 | 797.42 | 421.45 | 296.67 | 234.68 | 197.81 | 126.39 |
| 10 000 | 886.02 | 468.27 | 329.63 | 260.75 | 219.79 | 140.44 |
| 15 000 | 1,329.03 | 702.41 | 494.44 | 391.13 | 329.68 | 210.66 |
| 20 000 | 1,772.04 | 936.55 | 659.26 | 521.51 | 439.57 | 280.87 |
| 25 000 | 2,215.05 | 1,170.69 | 824.07 | 651.89 | 549.47 | 351.09 |
| 30 000 | 2,658.06 | 1,404.82 | 988.88 | 782.26 | 659.36 | 421.31 |
| 35 000 | 3,101.07 | 1,638.96 | 1,153.70 | 912.64 | 769.25 | 491.53 |
| 40 000 | 3,544.08 | 1,873.10 | 1,318.51 | 1,043.02 | 879.15 | 561.75 |
| 45 000 | 3,987.09 | 2,107.23 | 1,483.33 | 1,173.40 | 989.04 | 631.97 |
| 50 000 | 4,430.11 | 2,341.37 | 1,648.14 | 1,303.77 | 1,098.93 | 702.18 |
| 60 000 | 5,316.13 | 2,809.64 | 1,977.77 | 1,564.53 | 1,318.72 | 842.62 |
| 70 000 | 6,202.15 | 3,277.92 | 2,307.40 | 1,825.28 | 1,538.51 | 983.06 |
| 80 000 | 7,088.17 | 3,746.19 | 2,637.03 | 2,086.04 | 1,758.30 | 1,123.50 |
| 90 000 | 7,974.19 | 4,214.47 | 2,966.65 | 2,346.79 | 1,978.08 | 1,263.93 |
| 100 000 | 8,860.21 | 4,682.74 | 3,296.28 | 2,607.55 | 2,197.87 | 1,404.37 |

### durée du prêt (en années)

| MONTANT | 15 | 20 | 25 | 30 | 35 | 40 |
|---|---|---|---|---|---|---|
| 500 | 5.83 | 5.32 | 5.07 | 4.94 | 4.87 | 4.83 |
| 1 000 | 11.66 | 10.65 | 10.14 | 9.88 | 9.74 | 9.66 |
| 2 000 | 23.33 | 21.29 | 20.29 | 19.76 | 19.48 | 19.32 |
| 3 000 | 34.99 | 31.94 | 30.43 | 29.65 | 29.22 | 28.98 |
| 4 000 | 46.66 | 42.58 | 40.58 | 39.53 | 38.96 | 38.64 |
| 5 000 | 58.32 | 53.23 | 50.72 | 49.41 | 48.70 | 48.30 |
| 6 000 | 69.99 | 63.87 | 60.87 | 59.29 | 58.44 | 57.96 |
| 7 000 | 81.65 | 74.52 | 71.01 | 69.17 | 68.18 | 67.62 |
| 8 000 | 93.31 | 85.16 | 81.16 | 79.05 | 77.91 | 77.28 |
| 9 000 | 104.98 | 95.81 | 91.30 | 88.94 | 87.65 | 86.95 |
| 10 000 | 116.64 | 106.45 | 101.44 | 98.82 | 97.39 | 96.61 |
| 15 000 | 174.96 | 159.68 | 152.17 | 148.23 | 146.09 | 144.91 |
| 20 000 | 233.29 | 212.90 | 202.89 | 197.64 | 194.79 | 193.21 |
| 25 000 | 291.61 | 266.13 | 253.61 | 247.04 | 243.48 | 241.51 |
| 30 000 | 349.93 | 319.36 | 304.33 | 296.45 | 292.18 | 289.82 |
| 35 000 | 408.25 | 372.58 | 355.06 | 345.86 | 340.88 | 338.12 |
| 40 000 | 466.57 | 425.81 | 405.78 | 395.27 | 389.57 | 386.42 |
| 45 000 | 524.89 | 479.03 | 456.50 | 444.68 | 438.27 | 434.73 |
| 50 000 | 583.21 | 532.26 | 507.22 | 494.09 | 486.96 | 483.03 |
| 60 000 | 699.86 | 638.71 | 608.67 | 592.91 | 584.36 | 579.64 |
| 70 000 | 816.50 | 745.16 | 710.11 | 691.72 | 681.75 | 676.24 |
| 80 000 | 933.14 | 851.62 | 811.55 | 790.54 | 779.14 | 772.85 |
| 90 000 | 1,049.79 | 958.07 | 913.00 | 889.36 | 876.54 | 869.45 |
| 100 000 | 1,166.43 | 1,064.52 | 1,014.44 | 988.18 | 973.93 | 966.06 |

## durée du prêt (en années)

| MONTANT | 1 | 2 | 3 | 4 | 5 | 10 |
|---|---|---|---|---|---|---|
| 500 | 44.36 | 23.47 | 16.54 | 13.10 | 11.05 | 7.09 |
| 1 000 | 88.71 | 46.94 | 33.08 | 26.19 | 22.10 | 14.18 |
| 2 000 | 177.43 | 93.88 | 66.15 | 52.38 | 44.20 | 28.36 |
| 3 000 | 266.14 | 140.82 | 99.23 | 78.58 | 66.30 | 42.54 |
| 4 000 | 354.85 | 187.75 | 132.30 | 104.77 | 88.39 | 56.72 |
| 5 000 | 443.57 | 234.69 | 165.38 | 130.96 | 110.49 | 70.90 |
| 6 000 | 532.28 | 281.63 | 198.46 | 157.15 | 132.59 | 85.08 |
| 7 000 | 620.99 | 328.57 | 231.53 | 183.34 | 154.69 | 99.26 |
| 8 000 | 709.71 | 375.51 | 264.61 | 209.54 | 176.79 | 113.44 |
| 9 000 | 798.42 | 422.45 | 297.69 | 235.73 | 198.89 | 127.62 |
| 10 000 | 887.13 | 469.38 | 330.76 | 261.92 | 220.98 | 141.80 |
| 15 000 | 1,330.70 | 704.08 | 496.14 | 392.88 | 331.48 | 212.70 |
| 20 000 | 1,774.27 | 938.77 | 661.52 | 523.84 | 441.97 | 283.61 |
| 25 000 | 2,217.84 | 1,173.46 | 826.91 | 654.80 | 552.46 | 354.51 |
| 30 000 | 2,661.40 | 1,408.16 | 992.29 | 785.76 | 662.95 | 425.41 |
| 35 000 | 3,104.97 | 1,642.84 | 1,157.67 | 916.72 | 773.45 | 496.31 |
| 40 000 | 3,548.54 | 1,877.54 | 1,323.05 | 1,047.68 | 883.94 | 567.21 |
| 45 000 | 3,992.10 | 2,112.23 | 1,488.43 | 1,178.64 | 994.43 | 638.11 |
| 50 000 | 4,435.67 | 2,346.92 | 1,653.81 | 1,309.60 | 1,104.92 | 709.01 |
| 60 000 | 5,322.81 | 2,816.30 | 1,984.57 | 1,571.52 | 1,325.91 | 850.82 |
| 70 000 | 6,209.94 | 3,285.69 | 2,315.34 | 1,833.44 | 1,546.89 | 992.62 |
| 80 000 | 7,097.08 | 3,755.07 | 2,646.01 | 2,095.36 | 1,767.88 | 1,134.42 |
| 90 000 | 7,984.21 | 4,224.46 | 2,976.86 | 2,357.27 | 1,988.86 | 1,276.22 |
| 100 000 | 8,871.34 | 4,693.84 | 3,307.62 | 2,619.19 | 2,209.85 | 1,418.03 |

## durée du prêt (en années)

| MONTANT | 15 | 20 | 25 | 30 | 35 | 40 |
|---|---|---|---|---|---|---|
| 500 | 5.91 | 5.40 | 5.16 | 5.03 | 4.96 | 4.93 |
| 1 000 | 11.82 | 10.81 | 10.32 | 10.06 | 9.93 | 9.85 |
| 2 000 | 23.63 | 21.62 | 20.64 | 20.13 | 19.85 | 19.70 |
| 3 000 | 35.45 | 32.43 | 30.96 | 30.19 | 29.78 | 29.56 |
| 4 000 | 47.26 | 43.24 | 41.28 | 40.26 | 39.71 | 39.41 |
| 5 000 | 59.08 | 54.05 | 51.59 | 50.32 | 49.63 | 49.26 |
| 6 000 | 70.90 | 64.86 | 61.91 | 60.38 | 59.56 | 59.11 |
| 7 000 | 82.71 | 75.67 | 72.23 | 70.45 | 69.49 | 68.96 |
| 8 000 | 94.53 | 86.48 | 82.55 | 80.51 | 79.41 | 78.82 |
| 9 000 | 106.34 | 97.29 | 92.87 | 90.57 | 89.34 | 88.67 |
| 10 000 | 118.16 | 108.10 | 103.19 | 100.64 | 99.27 | 98.52 |
| 15 000 | 177.24 | 162.15 | 154.78 | 150.96 | 148.90 | 147.78 |
| 20 000 | 236.32 | 216.19 | 206.38 | 201.28 | 198.54 | 197.04 |
| 25 000 | 295.40 | 270.24 | 257.97 | 251.60 | 248.17 | 246.30 |
| 30 000 | 354.48 | 324.29 | 309.57 | 301.92 | 297.80 | 295.56 |
| 35 000 | 413.56 | 378.34 | 361.16 | 352.24 | 347.44 | 344.82 |
| 40 000 | 472.64 | 432.39 | 412.76 | 402.55 | 397.07 | 394.01 |
| 45 000 | 531.72 | 486.44 | 464.35 | 452.87 | 446.71 | 443.34 |
| 50 000 | 590.80 | 540.49 | 515.95 | 503.19 | 496.34 | 492.60 |
| 60 000 | 708.97 | 648.58 | 619.14 | 603.83 | 595.61 | 591.11 |
| 70 000 | 827.13 | 756.68 | 722.33 | 704.47 | 694.88 | 689.63 |
| 80 000 | 945.29 | 864.78 | 825.52 | 805.11 | 794.15 | 788.15 |
| 90 000 | 1,063.45 | 972.88 | 928.71 | 905.75 | 893.41 | 886.67 |
| 100 000 | 1,181.61 | 1,080.97 | 1,006.39 | 1,006.39 | 992.68 | 985.19 |

## durée du prêt (en années)

| MONTANT | 1 | 2 | 3 | 4 | 5 | 10 |
|---|---|---|---|---|---|---|
| 500 | 44.41 | 23.52 | 16.59 | 13.15 | 11.11 | 7.16 |
| 1 000 | 88.82 | 47.05 | 33.19 | 26.31 | 22.22 | 14.31 |
| 2 000 | 177.65 | 94.10 | 66.38 | 52.62 | 44.44 | 28.63 |
| 3 000 | 266.47 | 141.15 | 99.57 | 78.93 | 66.66 | 42.95 |
| 4 000 | 355.30 | 188.20 | 132.76 | 105.23 | 88.87 | 57.27 |
| 5 000 | 444.12 | 235.25 | 165.95 | 131.54 | 111.09 | 71.59 |
| 6 000 | 532.95 | 282.30 | 199.14 | 157.85 | 133.31 | 85.90 |
| 7 000 | 621.77 | 329.35 | 232.33 | 184.16 | 155.53 | 100.22 |
| 8 000 | 710.60 | 376.40 | 265.52 | 210.47 | 177.75 | 114.54 |
| 9 000 | 799.42 | 423.45 | 298.71 | 236.78 | 199.97 | 128.86 |
| 10 000 | 888.25 | 470.49 | 331.09 | 263.09 | 222.18 | 143.17 |
| 15 000 | 1,332.37 | 705.74 | 497.85 | 394.63 | 333.28 | 214.76 |
| 20 000 | 1,776.49 | 940.99 | 663.80 | 526.17 | 444.37 | 286.35 |
| 25 000 | 2,220.62 | 1,176.24 | 829.74 | 657.71 | 555.46 | 357.93 |
| 30 000 | 2,664.74 | 1,411.48 | 995.69 | 789.26 | 666.55 | 429.52 |
| 35 000 | 3,108.87 | 1,646.73 | 1,161.64 | 920.80 | 777.65 | 501.19 |
| 40 000 | 3,552.99 | 1,881.98 | 1,327.59 | 1,052.34 | 888.74 | 572.70 |
| 45 000 | 3,997.11 | 2,117.23 | 1,493.54 | 1,183.89 | 999.83 | 644.28 |
| 50 000 | 4,441.24 | 2,352.47 | 1,659.49 | 1,315.43 | 1,110.92 | 715.87 |
| 60 000 | 5,329.48 | 2,822.97 | 1,991.39 | 1,578.52 | 1,333.11 | 859.04 |
| 70 000 | 6,217.73 | 3,293.46 | 2,323.28 | 1,841.60 | 1,555.29 | 1,002.22 |
| 80 000 | 7,105.98 | 3,763.96 | 2,655.18 | 2,104.69 | 1,777.48 | 1,145.39 |
| 90 000 | 7,994.23 | 4,234.45 | 2,987.08 | 2,367.77 | 1,999.66 | 1,288.57 |
| 100 000 | 8,882.47 | 4,704.95 | 3,318.98 | 2,630.86 | 2,221.85 | 1,431.74 |

## durée du prêt (en années)

| MONTANT | 15 | 20 | 25 | 30 | 35 | 40 |
|---|---|---|---|---|---|---|
| 500 | 5.98 | 5.49 | 5.25 | 5.12 | 5.06 | 5.02 |
| 1 000 | 11.97 | 10.98 | 10.49 | 10.25 | 10.11 | 10.04 |
| 2 000 | 23.94 | 21.95 | 20.99 | 20.49 | 20.23 | 20.09 |
| 3 000 | 35.91 | 32.93 | 31.48 | 30.74 | 30.34 | 30.13 |
| 4 000 | 47.87 | 43.90 | 41.98 | 40.99 | 40.46 | 40.17 |
| 5 000 | 59.84 | 54.88 | 52.47 | 51.23 | 50.57 | 50.21 |
| 6 000 | 71.81 | 65.85 | 62.97 | 61.48 | 60.69 | 60.26 |
| 7 000 | 83.78 | 76.83 | 73.46 | 71.73 | 70.80 | 70.30 |
| 8 000 | 95.75 | 87.80 | 83.95 | 81.97 | 80.92 | 80.35 |
| 9 000 | 107.72 | 98.78 | 94.45 | 92.22 | 91.03 | 90.39 |
| 10 000 | 119.69 | 109.75 | 104.94 | 102.45 | 101.15 | 100.44 |
| 15 000 | 179.53 | 164.63 | 157.41 | 153.70 | 151.72 | 150.65 |
| 20 000 | 239.37 | 219.50 | 209.89 | 204.93 | 202.30 | 200.87 |
| 25 000 | 299.22 | 274.38 | 262.36 | 256.16 | 252.87 | 251.09 |
| 30 000 | 359.06 | 329.25 | 314.83 | 307.40 | 303.44 | 301.31 |
| 35 000 | 418.90 | 384.13 | 367.30 | 358.63 | 354.02 | 351.52 |
| 40 000 | 478.74 | 439.00 | 419.77 | 409.86 | 404.59 | 401.74 |
| 45 000 | 538.59 | 493.88 | 472.24 | 461.10 | 455.17 | 451.96 |
| 50 000 | 598.43 | 548.75 | 524.71 | 512.33 | 505.74 | 502.18 |
| 60 000 | 718.12 | 658.50 | 629.66 | 614.79 | 606.89 | 602.61 |
| 70 000 | 837.80 | 768.25 | 734.60 | 717.26 | 708.04 | 703.05 |
| 80 000 | 957.49 | 878.00 | 839.54 | 819.73 | 809.19 | 803.48 |
| 90 000 | 1,077.17 | 987.75 | 944.48 | 922.19 | 910.33 | 903.92 |
| 100 000 | 1,196.86 | 1,097.50 | 1,049.43 | 1,024.66 | 1,011.48 | 1,004.35 |

## durée du prêt (en années)

| MONTANT | 1 | 2 | 3 | 4 | 5 | 10 |
|---|---|---|---|---|---|---|
| 500 | 44.47 | 23.58 | 16.65 | 13.21 | 11.17 | 7.23 |
| 1 000 | 88.94 | 47.16 | 33.30 | 26.43 | 22.34 | 14.46 |
| 2 000 | 177.87 | 94.32 | 66.61 | 52.85 | 44.68 | 28.91 |
| 3 000 | 266.81 | 141.48 | 99.91 | 79.28 | 67.02 | 43.37 |
| 4 000 | 355.74 | 188.64 | 133.21 | 105.70 | 89.35 | 57.82 |
| 5 000 | 444.68 | 235.80 | 166.52 | 132.13 | 111.69 | 72.28 |
| 6 000 | 533.62 | 282.96 | 199.82 | 158.55 | 134.03 | 86.73 |
| 7 000 | 622.55 | 330.12 | 233.12 | 184.98 | 156.37 | 101.19 |
| 8 000 | 711.49 | 377.28 | 266.43 | 211.40 | 178.71 | 115.64 |
| 9 000 | 800.42 | 424.45 | 299.73 | 237.83 | 201.05 | 130.10 |
| 10 000 | 889.36 | 471.61 | 330.03 | 264.25 | 223.39 | 144.55 |
| 15 000 | 1,334.04 | 707.41 | 499.55 | 396.38 | 335.08 | 216.83 |
| 20 000 | 1,778.72 | 943.21 | 666.07 | 528.51 | 446.77 | 289.10 |
| 25 000 | 2,223.40 | 1,179.01 | 832.59 | 660.64 | 558.47 | 361.38 |
| 30 000 | 2,668.08 | 1,414.82 | 999.01 | 792.76 | 670.16 | 433.65 |
| 35 000 | 3,112.76 | 1,650.62 | 1,165.62 | 924.89 | 781.86 | 505.93 |
| 40 000 | 3,557.44 | 1,886.42 | 1,332.14 | 1,057.02 | 893.55 | 578.20 |
| 45 000 | 4,002.12 | 2,122.23 | 1,498.65 | 1,189.14 | 1,005.24 | 650.48 |
| 50 000 | 4,446.80 | 2,358.03 | 1,665.17 | 1,321.27 | 1,116.94 | 722.75 |
| 60 000 | 5,336.16 | 2,829.63 | 1,998.20 | 1,585.53 | 1,340.32 | 867.30 |
| 70 000 | 6,225.52 | 3,301.24 | 2,331.24 | 1,849.78 | 1,563.71 | 1,011.85 |
| 80 000 | 7,114.88 | 3,772.84 | 2,664.27 | 2,114.04 | 1,787.10 | 1,156.40 |
| 90 000 | 8,004.24 | 4,244.45 | 2,997.31 | 2,378.29 | 2,010.49 | 1,300.95 |
| 100 000 | 8,893.60 | 4,716.06 | 3,330.34 | 2,642.54 | 2,233.87 | 1,445.50 |

# PAIEMENTS MENSUELS $12\frac{1}{2}$ %

## durée du prêt (en années)

| MONTANT | 15 | 20 | 25 | 30 | 35 | 40 |
|---|---|---|---|---|---|---|
| 500 | 6.06 | 5.57 | 5.34 | 5.21 | 5.15 | 5.12 |
| 1 000 | 12.12 | 11.14 | 10.67 | 10.43 | 10.30 | 10.24 |
| 2 000 | 24.24 | 22.28 | 21.34 | 20.86 | 20.61 | 20.47 |
| 3 000 | 36.37 | 33.42 | 32.01 | 31.29 | 30.91 | 30.71 |
| 4 000 | 48.49 | 44.56 | 42.68 | 41.72 | 41.21 | 40.94 |
| 5 000 | 60.61 | 55.71 | 53.35 | 52.15 | 51.52 | 51.18 |
| 6 000 | 72.73 | 66.85 | 64.02 | 62.58 | 61.82 | 61.41 |
| 7 000 | 84.85 | 77.99 | 74.69 | 73.01 | 72.12 | 71.65 |
| 8 000 | 96.97 | 89.13 | 85.36 | 83.44 | 82.43 | 81.88 |
| 9 000 | 109.10 | 100.27 | 96.03 | 93.87 | 92.73 | 92.12 |
| 10 000 | 121.22 | 111.41 | 106.70 | 104.30 | 103.03 | 102.35 |
| 15 000 | 181.83 | 167.12 | 160.05 | 156.45 | 154.55 | 153.53 |
| 20 000 | 242.44 | 222.82 | 213.40 | 208.60 | 206.06 | 204.71 |
| 25 000 | 303.05 | 278.53 | 266.76 | 206.75 | 257.58 | 255.89 |
| 30 000 | 363.66 | 334.23 | 320.11 | 312.89 | 309.10 | 307.06 |
| 35 000 | 424.26 | 389.94 | 373.46 | 365.04 | 360.61 | 358.24 |
| 40 000 | 484.87 | 445.64 | 426.81 | 417.19 | 412.13 | 409.42 |
| 45 000 | 545.48 | 501.35 | 480.16 | 469.34 | 463.64 | 460.60 |
| 50 000 | 606.09 | 557.05 | 533.51 | 521.49 | 515.16 | 511.77 |
| 60 000 | 727.31 | 668.46 | 640.21 | 625.79 | 618.19 | 614.13 |
| 70 000 | 848.53 | 779.88 | 746.92 | 730.09 | 721.23 | 716.48 |
| 80 000 | 969.75 | 891.29 | 853.62 | 834.39 | 824.26 | 818.84 |
| 90 000 | 1,090.97 | 1,002.70 | 960.32 | 938.68 | 927.29 | 921.19 |
| 100 000 | 1,212.19 | 1,114.11 | 1,067.02 | 1,042.98 | 1,030.32 | 1,023.55 |

## durée du prêt (en années)

| MONTANT | 1 | 2 | 3 | 4 | 5 | 10 |
|---|---|---|---|---|---|---|
| 500 | 44.52 | 23.64 | 16.71 | 13.27 | 11.23 | 7.30 |
| 1 000 | 89.05 | 47.27 | 33.42 | 26.54 | 22.46 | 14.59 |
| 2 000 | 178.09 | 94.54 | 66.83 | 53.08 | 44.92 | 29.19 |
| 3 000 | 267.14 | 141.82 | 100.25 | 79.63 | 67.38 | 43.78 |
| 4 000 | 356.19 | 189.09 | 133.67 | 106.17 | 89.84 | 58.37 |
| 5 000 | 445.24 | 236.36 | 167.09 | 132.71 | 112.30 | 72.97 |
| 6 000 | 534.28 | 283.63 | 200.50 | 159.25 | 134.76 | 87.56 |
| 7 000 | 623.33 | 330.90 | 233.92 | 185.80 | 157.21 | 102.15 |
| 8 000 | 712.38 | 378.17 | 267.34 | 212.34 | 179.67 | 116.75 |
| 9 000 | 801.43 | 425.45 | 300.75 | 238.88 | 202.13 | 131.34 |
| 10 000 | 890.47 | 472.72 | 334.17 | 265.42 | 224.59 | 145.93 |
| 15 000 | 1,335.71 | 709.08 | 501.26 | 398.14 | 336.90 | 218.90 |
| 20 000 | 1,780.95 | 945.43 | 668.34 | 530.85 | 449.19 | 291.86 |
| 25 000 | 2,226.18 | 1,181.79 | 835.43 | 663.56 | 561.48 | 364.83 |
| 30 000 | 2,671.42 | 1,418.15 | 1,002.52 | 796.27 | 673.78 | 437.80 |
| 35 000 | 3,116.65 | 1,654.51 | 1,169.60 | 928.99 | 786.07 | 510.76 |
| 40 000 | 3,561.89 | 1,890.87 | 1,336.69 | 1,061.70 | 898.37 | 583.73 |
| 45 000 | 4,007.13 | 2,127.23 | 1,503.77 | 1,194.41 | 1,010.67 | 656.70 |
| 50 000 | 4,452.36 | 2,363.58 | 1,670.86 | 1,327.12 | 1,122.96 | 729.66 |
| 60 000 | 5,342.83 | 2,836.30 | 2,005.03 | 1,592.55 | 1,347.56 | 875.59 |
| 70 000 | 6,233.31 | 3,309.02 | 2,339.02 | 1,857.97 | 1,572.15 | 1,021.52 |
| 80 000 | 7,123.78 | 3,781.74 | 2,673.37 | 2,123.40 | 1,796.74 | 1,167.46 |
| 90 000 | 8,014.25 | 4,254.45 | 3,007.54 | 2,388.82 | 2,021.34 | 1,313.39 |
| 100 000 | 8,904.72 | 4,727.17 | 3,341.72 | 2,654.25 | 2,245.93 | 1,459.32 |

## durée du prêt (en années)

| MONTANT | 15 | 20 | 25 | 30 | 35 | 40 |
|---|---|---|---|---|---|---|
| 500 | 6.14 | 5.65 | 5.42 | 5.31 | 5.25 | 5.21 |
| 1 000 | 12.28 | 11.31 | 10.85 | 10.61 | 10.49 | 10.42 |
| 2 000 | 24.55 | 22.62 | 21.69 | 21.23 | 20.98 | 20.86 |
| 3 000 | 36.83 | 33.92 | 32.54 | 31.84 | 31.48 | 31.28 |
| 4 000 | 49.10 | 45.23 | 43.39 | 42.45 | 41.97 | 41.71 |
| 5 000 | 61.38 | 56.54 | 54.23 | 53.07 | 52.46 | 52.14 |
| 6 000 | 73.65 | 67.85 | 65.08 | 63.68 | 62.95 | 62.57 |
| 7 000 | 85.93 | 79.15 | 79.93 | 74.30 | 73.44 | 72.99 |
| 8 000 | 98.21 | 90.46 | 86.77 | 84.91 | 83.94 | 83.42 |
| 9 000 | 110.48 | 101.77 | 97.62 | 95.52 | 94.43 | 93.85 |
| 10 000 | 122.76 | 113.08 | 108.47 | 106.14 | 104.92 | 104.28 |
| 15 000 | 184.14 | 169.62 | 162.70 | 159.20 | 157.38 | 156.41 |
| 20 000 | 245.52 | 226.16 | 216.94 | 212.27 | 209.84 | 208.55 |
| 25 000 | 306.89 | 282.70 | 271.17 | 265.34 | 262.30 | 260.69 |
| 30 000 | 368.27 | 339.24 | 325.41 | 318.41 | 314.76 | 312.83 |
| 35 000 | 429.65 | 395.77 | 379.64 | 371.48 | 367.22 | 364.97 |
| 40 000 | 491.03 | 452.31 | 433.87 | 424.54 | 419.68 | 417.10 |
| 45 000 | 552.41 | 508.85 | 488.11 | 477.61 | 472.14 | 469.24 |
| 50 000 | 613.79 | 565.39 | 542.34 | 530.68 | 524.60 | 521.38 |
| 60 000 | 736.55 | 678.47 | 650.81 | 636.82 | 629.52 | 625.66 |
| 70 000 | 859.30 | 791.55 | 759.28 | 742.95 | 734.44 | 729.93 |
| 80 000 | 982.06 | 904.63 | 867.75 | 849.09 | 839.36 | 834.21 |
| 90 000 | 1,104.82 | 1,017.71 | 976.22 | 955.22 | 944.28 | 938.48 |
| 100 000 | 1,227.58 | 1,130.70 | 1,084.68 | 1,061.36 | 1,049.20 | 1,042.76 |

## durée du prêt (en années)

| MONTANT | 1 | 2 | 3 | 4 | 5 | 10 |
|---|---|---|---|---|---|---|
| 500 | 44.58 | 23.69 | 16.77 | 13.33 | 11.29 | 7.37 |
| 1 000 | 89.16 | 47.38 | 33.53 | 26.66 | 22.58 | 14.73 |
| 2 000 | 178.32 | 94.77 | 67.06 | 53.32 | 45.16 | 29.46 |
| 3 000 | 267.48 | 142.15 | 100.59 | 79.98 | 67.74 | 44.20 |
| 4 000 | 356.63 | 189.53 | 134.12 | 106.64 | 90.32 | 58.93 |
| 5 000 | 445.79 | 236.91 | 167.66 | 133.30 | 112.90 | 73.66 |
| 6 000 | 534.95 | 284.30 | 201.19 | 159.96 | 135.48 | 88.39 |
| 7 000 | 624.11 | 331.68 | 234.72 | 186.62 | 158.06 | 103.12 |
| 8 000 | 713.27 | 379.06 | 268.25 | 213.28 | 180.64 | 117.86 |
| 9 000 | 802.43 | 426.45 | 301.78 | 239.94 | 203.22 | 132.59 |
| 10 000 | 891.58 | 473.83 | 335.31 | 266.60 | 225.80 | 147.32 |
| 15 000 | 1,337.38 | 710.74 | 502.97 | 399.90 | 338.70 | 220.98 |
| 20 000 | 1,783.17 | 947.66 | 670.62 | 533.19 | 451.60 | 294.64 |
| 25 000 | 2,228.96 | 1,184.57 | 838.28 | 666.49 | 564.50 | 368.30 |
| 30 000 | 2,674.75 | 1,421.49 | 1,005.93 | 799.79 | 677.40 | 441.96 |
| 35 000 | 3,120.55 | 1,658.40 | 1,173.59 | 933.09 | 790.30 | 515.62 |
| 40 000 | 3,566.34 | 1,895.32 | 1,341.24 | 1,066.39 | 903.20 | 589.28 |
| 45 000 | 4,012.13 | 2,132.23 | 1,508.90 | 1,199.67 | 1,016.10 | 662.94 |
| 50 000 | 4,457.92 | 2,369.14 | 1,676.55 | 1,332.98 | 1,129.00 | 736.60 |
| 60 000 | 5,349.51 | 2,842.97 | 2,011.86 | 1,599.58 | 1,354.80 | 883.92 |
| 70 000 | 6,241.09 | 3,316.80 | 2,347.17 | 1,866.18 | 1,580.60 | 1,031.24 |
| 80 000 | 7,132.68 | 3,790.63 | 2,682.48 | 2,132.78 | 1,806.40 | 1,178.56 |
| 90 000 | 8,024.26 | 4,264.46 | 3,017.79 | 2,399.37 | 2,032.21 | 1,325.88 |
| 100 000 | 8,915.84 | 4,738.29 | 3,353.10 | 2,665.97 | 2,258.06 | 1,473.20 |

## durée du prêt (en années)

| MONTANT | 15 | 20 | 25 | 30 | 35 | 40 |
|---|---|---|---|---|---|---|
| 500 | 6.22 | 5.74 | 5.51 | 5.40 | 5.34 | 5.31 |
| 1 000 | 12.43 | 11.45 | 11.02 | 10.80 | 10.68 | 10.62 |
| 2 000 | 24.86 | 22.95 | 22.05 | 21.60 | 21.36 | 21.24 |
| 3 000 | 37.29 | 34.43 | 33.07 | 32.39 | 32.04 | 31.86 |
| 4 000 | 49.72 | 45.90 | 44.10 | 43.19 | 42.72 | 42.48 |
| 5 000 | 62.15 | 57.38 | 55.12 | 53.99 | 53.41 | 53.10 |
| 6 000 | 74.58 | 68.85 | 66.14 | 64.79 | 64.09 | 63.72 |
| 7 000 | 87.01 | 80.33 | 77.17 | 75.59 | 74.77 | 74.34 |
| 8 000 | 99.44 | 91.80 | 88.19 | 86.38 | 85.45 | 84.96 |
| 9 000 | 111.87 | 103.28 | 99.22 | 97.18 | 96.13 | 95.58 |
| 10 000 | 124.30 | 114.75 | 110.24 | 107.98 | 106.81 | 106.20 |
| 15 000 | 186.46 | 172.13 | 165.36 | 161.97 | 160.22 | 159.30 |
| 20 000 | 248.61 | 229.51 | 220.48 | 215.96 | 213.62 | 212.40 |
| 25 000 | 310.76 | 286.88 | 275.60 | 269.95 | 267.03 | 265.50 |
| 30 000 | 372.91 | 344.26 | 330.72 | 323.94 | 320.43 | 318.60 |
| 35 000 | 435.06 | 401.64 | 385.84 | 377.93 | 373.84 | 371.70 |
| 40 000 | 497.21 | 459.01 | 440.96 | 431.92 | 427.25 | 424.80 |
| 45 000 | 559.37 | 516.39 | 496.08 | 485.90 | 480.65 | 477.90 |
| 50 000 | 621.51 | 573.77 | 551.20 | 539.89 | 534.06 | 531.00 |
| 60 000 | 745.82 | 688.52 | 661.44 | 647.87 | 640.87 | 637.20 |
| 70 000 | 870.13 | 803.27 | 771.69 | 755.85 | 747.68 | 743.40 |
| 80 000 | 944.43 | 918.02 | 881.93 | 863.83 | 854.49 | 849.60 |
| 90 000 | 1,118.73 | 1,032.78 | 992.17 | 971.81 | 961.30 | 955.80 |
| 100 000 | 1,243.04 | 1,147.53 | 1,102.41 | 1,079.79 | 1,068.11 | 1,062.00 |

## durée du prêt (en années)

| MONTANT | 1 | 2 | 3 | 4 | 5 | 10 |
|---|---|---|---|---|---|---|
| 500 | 44.63 | 23.75 | 16.82 | 13.39 | 11.35 | 7.44 |
| 1 000 | 89.27 | 47.49 | 33.65 | 26.78 | 22.70 | 14.87 |
| 2 000 | 178.54 | 94.99 | 67.29 | 53.55 | 45.40 | 29.74 |
| 3 000 | 267.81 | 142.48 | 100.94 | 80.33 | 68.10 | 44.61 |
| 4 000 | 357.08 | 189.98 | 134.58 | 107.11 | 90.80 | 59.48 |
| 5 000 | 446.35 | 237.47 | 168.23 | 133.89 | 113.51 | 74.36 |
| 6 000 | 535.62 | 284.96 | 201.87 | 160.66 | 136.21 | 89.23 |
| 7 000 | 624.89 | 332.46 | 235.52 | 187.44 | 158.91 | 104.10 |
| 8 000 | 714.16 | 379.95 | 269.16 | 214.22 | 181.61 | 118.97 |
| 9 000 | 803.43 | 427.45 | 302.81 | 240.99 | 204.31 | 133.84 |
| 10 000 | 892.70 | 474.94 | 336.45 | 267.77 | 227.01 | 148.71 |
| 15 000 | 1,339.04 | 712.41 | 504.68 | 401.66 | 340.52 | 223.07 |
| 20 000 | 1,785.39 | 949.88 | 672.90 | 535.54 | 454.02 | 297.42 |
| 25 000 | 2,231.74 | 1,187.35 | 841.13 | 669.43 | 567.53 | 371.78 |
| 30 000 | 2,678.09 | 1,424.82 | 1,009.35 | 803.31 | 681.03 | 446.14 |
| 35 000 | 3,124.44 | 1,662.29 | 1,177.58 | 937.20 | 794.54 | 520.49 |
| 40 000 | 3,570.78 | 1,899.76 | 1,345.80 | 1,071.08 | 908.04 | 594.85 |
| 45 000 | 4,017.13 | 2,137.23 | 1,514.03 | 1,204.97 | 1,021.55 | 669.20 |
| 50 000 | 4,463.48 | 2,374.71 | 1,682.25 | 1,338.85 | 1,135.05 | 743.56 |
| 60 000 | 5,356.18 | 2,849.64 | 2,018.70 | 1,606.63 | 1,362.07 | 892.27 |
| 70 000 | 6,248.87 | 3,324.59 | 2,355.15 | 1,874.40 | 1,589.08 | 1,040.98 |
| 80 000 | 7,141.57 | 3,799.53 | 2,691.60 | 2,142.17 | 1,816.09 | 1,189.70 |
| 90 000 | 8,034.27 | 4,274.47 | 3,028.05 | 2,409.94 | 2,043.10 | 1,338.41 |
| 100 000 | 8,926.96 | 4,749.41 | 3,364.50 | 2,677.71 | 2,270.11 | 1,487.12 |

| MONTANT | durée du prêt (en années) | | | | | |
|---|---|---|---|---|---|---|
| | 15 | 20 | 25 | 30 | 35 | 40 |
| 500 | 6.29 | 5.82 | 5.60 | 5.49 | 5.44 | 5.41 |
| 1 000 | 12.59 | 11.64 | 11.20 | 10.98 | 10.87 | 10.81 |
| 2 000 | 25.17 | 23.29 | 22.40 | 21.97 | 21.74 | 21.63 |
| 3 000 | 37.76 | 34.93 | 33.61 | 32.95 | 32.61 | 32.44 |
| 4 000 | 50.34 | 46.57 | 44.81 | 43.93 | 43.48 | 43.25 |
| 5 000 | 62.93 | 58.22 | 56.01 | 54.91 | 54.35 | 54.06 |
| 6 000 | 75.51 | 69.86 | 67.21 | 65.90 | 65.22 | 64.88 |
| 7 000 | 88.10 | 81.50 | 78.41 | 76.88 | 76.09 | 75.69 |
| 8 000 | 100.69 | 93.15 | 89.62 | 87.86 | 86.96 | 86.50 |
| 9 000 | 113.27 | 104.79 | 100.82 | 98.84 | 97.84 | 97.31 |
| 10 000 | 125.86 | 116.43 | 112.02 | 109.83 | 108.71 | 108.13 |
| 15 000 | 188.78 | 174.65 | 168.03 | 164.74 | 163.06 | 162.19 |
| 20 000 | 251.71 | 232.87 | 224.04 | 219.65 | 217.41 | 216.25 |
| 25 000 | 314.64 | 291.09 | 280.05 | 274.57 | 271.76 | 270.31 |
| 30 000 | 377.57 | 349.30 | 336.06 | 329.48 | 326.12 | 324.38 |
| 35 000 | 440.50 | 407.52 | 392.07 | 384.39 | 380.47 | 378.44 |
| 40 000 | 503.43 | 465.74 | 448.08 | 439.31 | 434.82 | 432.50 |
| 45 000 | 566.35 | 523.96 | 504.09 | 494.22 | 489.18 | 486.56 |
| 50 000 | 629.28 | 582.17 | 560.10 | 549.13 | 543.53 | 540.63 |
| 60 000 | 755.14 | 698.61 | 672.11 | 658.96 | 652.24 | 648.75 |
| 70 000 | 880.99 | 815.04 | 784.13 | 768.78 | 760.94 | 756.88 |
| 80 000 | 1,006.85 | 931.48 | 896.15 | 878.61 | 869.65 | 865.00 |
| 90 000 | 1,132.71 | 1,047.91 | 1,008.17 | 988.44 | 978.35 | 973.13 |
| 100 000 | 1,258.56 | 1,164.34 | 1,120.19 | 1,098.26 | 1,087.06 | 1,081.25 |

## durée du prêt (en années)

| MONTANT | 1 | 2 | 3 | 4 | 5 | 10 |
|---|---|---|---|---|---|---|
| 500 | 44.69 | 23.80 | 16.88 | 13.45 | 11.41 | 7.51 |
| 1 000 | 89.38 | 47.61 | 33.76 | 26.89 | 22.82 | 15.01 |
| 2 000 | 178.76 | 95.21 | 67.52 | 53.79 | 45.64 | 30.02 |
| 3 000 | 268.14 | 142.82 | 101.28 | 80.68 | 68.47 | 45.03 |
| 4 000 | 357.52 | 190.42 | 135.04 | 107.58 | 91.29 | 60.04 |
| 5 000 | 446.90 | 238.03 | 168.80 | 134.47 | 114.11 | 75.05 |
| 6 000 | 536.28 | 285.63 | 202.55 | 161.37 | 136.93 | 90.07 |
| 7 000 | 625.67 | 333.24 | 236.31 | 188.27 | 159.76 | 105.08 |
| 8 000 | 715.05 | 380.84 | 270.07 | 215.16 | 182.58 | 120.09 |
| 9 000 | 804.43 | 428.45 | 303.83 | 242.05 | 205.40 | 135.10 |
| 10 000 | 893.81 | 476.05 | 337.59 | 268.95 | 228.22 | 150.11 |
| 15 000 | 1,340.71 | 714.08 | 506.39 | 403.42 | 342.34 | 225.16 |
| 20 000 | 1,787.61 | 952.11 | 675.18 | 537.89 | 456.45 | 300.22 |
| 25 000 | 2,234.52 | 1,190.13 | 843.98 | 672.37 | 570.56 | 375.27 |
| 30 000 | 2,681.42 | 1,428.16 | 1,012.77 | 806.84 | 684.67 | 450.33 |
| 35 000 | 3,128.33 | 1,666.19 | 1,181.57 | 941.31 | 798.78 | 525.38 |
| 40 000 | 3,575.23 | 1,904.22 | 1,350.37 | 1,075.79 | 912.90 | 600.44 |
| 45 000 | 4,022.13 | 2,142.24 | 1,519.16 | 1,210.26 | 1,027.01 | 675.49 |
| 50 000 | 4,469.04 | 2,380.27 | 1,687.96 | 1,344.73 | 1,141.12 | 750.55 |
| 60 000 | 5,362.85 | 2,856.32 | 2,025.55 | 1,613.68 | 1,369.34 | 900.66 |
| 70 000 | 6,256.65 | 3,332.38 | 2,363.14 | 1,882.63 | 1,597.57 | 1,050.77 |
| 80 000 | 7,150.46 | 3,808.43 | 2,700.73 | 2,151.57 | 1,825.79 | 1,200.88 |
| 90 000 | 8,044.27 | 4,284.48 | 3,038.32 | 2,420.52 | 2,054.01 | 1,350.99 |
| 100 000 | 8,938.08 | 4,760.54 | 3,375.91 | 2,689.47 | 2,282.24 | 1,501.10 |

## durée du prêt (en années)

| MONTANT | 15 | 20 | 25 | 30 | 35 | 40 |
|---:|---:|---:|---:|---:|---:|---:|
| 500 | 6.37 | 5.91 | 5.69 | 5.58 | 5.53 | 5.50 |
| 1 000 | 12.74 | 11.81 | 11.38 | 11.17 | 11.06 | 11.01 |
| 2 000 | 25.48 | 23.62 | 22.76 | 22.34 | 22.12 | 22.01 |
| 3 000 | 38.22 | 35.44 | 34.14 | 33.50 | 33.18 | 33.02 |
| 4 000 | 50.97 | 47.25 | 45.52 | 44.67 | 44.24 | 44.02 |
| 5 000 | 63.71 | 59.06 | 56.90 | 55.84 | 55.30 | 55.03 |
| 6 000 | 76.45 | 70.87 | 68.28 | 67.01 | 66.36 | 66.03 |
| 7 000 | 89.19 | 82.68 | 79.66 | 78.17 | 77.42 | 77.04 |
| 8 000 | 101.90 | 94.50 | 91.04 | 89.34 | 88.48 | 88.04 |
| 9 000 | 114.67 | 106.31 | 102.40 | 100.51 | 99.54 | 99.05 |
| 10 000 | 127.42 | 118.12 | 113.80 | 111.68 | 110.60 | 110.05 |
| 15 000 | 191.12 | 177.18 | 170.70 | 167.52 | 165.91 | 165.08 |
| 20 000 | 254.83 | 236.25 | 227.61 | 223.36 | 221.21 | 220.10 |
| 25 000 | 318.54 | 295.31 | 284.51 | 279.20 | 276.51 | 275.13 |
| 30 000 | 382.25 | 354.37 | 341.41 | 335.03 | 331.81 | 330.16 |
| 35 000 | 445.95 | 413.43 | 398.31 | 390.88 | 387.11 | 385.18 |
| 40 000 | 509.66 | 472.49 | 455.21 | 446.71 | 442.41 | 440.21 |
| 45 000 | 573.37 | 531.55 | 512.11 | 502.55 | 497.72 | 495.24 |
| 50 000 | 637.08 | 590.61 | 569.02 | 558.39 | 553.02 | 550.26 |
| 60 000 | 764.49 | 708.74 | 682.82 | 670.07 | 663.62 | 660.31 |
| 70 000 | 891.91 | 826.86 | 796.62 | 781.75 | 774.22 | 770.37 |
| 80 000 | 1,019.32 | 944.98 | 910.43 | 893.43 | 884.83 | 880.42 |
| 90 000 | 1,146.74 | 1,063.10 | 1,024.23 | 1,005.10 | 995.43 | 990.47 |
| 100 000 | 1,274.16 | 1,181.23 | 1,138.03 | 1,116.78 | 1,106.03 | 1,100.52 |

## durée du prêt (en années)

| MONTANT | 1 | 2 | 3 | 4 | 5 | 10 |
|---|---|---|---|---|---|---|
| 500 | 44.75 | 23.86 | 16.94 | 13.51 | 11.47 | 7.58 |
| 1 000 | 89.49 | 47.72 | 33.87 | 27.01 | 22.94 | 15.15 |
| 2 000 | 178.98 | 95.43 | 67.75 | 54.02 | 45.89 | 30.30 |
| 3 000 | 268.48 | 143.15 | 101.62 | 81.03 | 68.83 | 45.45 |
| 4 000 | 357.97 | 190.87 | 135.49 | 108.05 | 91.78 | 60.60 |
| 5 000 | 447.46 | 238.58 | 169.37 | 135.06 | 114.72 | 75.76 |
| 6 000 | 536.95 | 286.30 | 203.24 | 162.07 | 137.66 | 90.91 |
| 7 000 | 626.44 | 334.02 | 237.11 | 189.09 | 160.61 | 106.06 |
| 8 000 | 715.93 | 381.73 | 270.99 | 216.10 | 183.55 | 121.21 |
| 9 000 | 805.43 | 429.45 | 304.86 | 243.11 | 206.50 | 136.36 |
| 10 000 | 894.92 | 477.17 | 338.73 | 270.12 | 229.44 | 151.51 |
| 15 000 | 1,342.38 | 715.75 | 508.10 | 405.19 | 344.16 | 227.27 |
| 20 000 | 1,789.84 | 954.33 | 677.47 | 540.25 | 458.88 | 303.02 |
| 25 000 | 2,237.30 | 1,192.92 | 846.83 | 675.31 | 573.60 | 378.78 |
| 30 000 | 2,684.76 | 1,431.50 | 1,016.20 | 810.37 | 688.32 | 454.54 |
| 35 000 | 3,132.21 | 1,670.08 | 1,185.57 | 945.44 | 803.04 | 530.29 |
| 40 000 | 3,579.67 | 1,908.67 | 1,354.93 | 1,080.50 | 917.76 | 606.05 |
| 45 000 | 4,027.13 | 2,147.25 | 1,524.30 | 1,215.56 | 1,032.48 | 681.81 |
| 50 000 | 4,474.59 | 2,385.83 | 1,693.67 | 1,350.62 | 1,147.20 | 757.56 |
| 60 000 | 5,369.51 | 2,863.00 | 2,032.40 | 1,620.75 | 1,376.63 | 909.07 |
| 70 000 | 6,264.43 | 3,340.17 | 2,371.14 | 1,890.87 | 1,606.08 | 1,060.59 |
| 80 000 | 7,159.35 | 3,817.34 | 2,709.87 | 2,161.00 | 1,835.52 | 1,212.10 |
| 90 000 | 8,054.27 | 4,294.50 | 3,048.60 | 2,431.12 | 2,064.95 | 1,363.61 |
| 100 000 | 8,949.19 | 4,771.67 | 3,387.33 | 2,701.24 | 2,294.39 | 1,515.12 |

## durée du prêt (en années)

| MONTANT | 15 | 20 | 25 | 30 | 35 | 40 |
|---|---|---|---|---|---|---|
| 500 | 6.45 | 5.99 | 5.78 | 5.68 | 5.63 | 5.60 |
| 1 000 | 12.90 | 11.98 | 11.56 | 11.35 | 11.25 | 11.20 |
| 2 000 | 25.80 | 23.96 | 23.12 | 22.71 | 22.50 | 22.40 |
| 3 000 | 38.69 | 35.95 | 34.68 | 34.06 | 33.75 | 33.59 |
| 4 000 | 51.59 | 47.93 | 46.24 | 45.41 | 45.00 | 44.79 |
| 5 000 | 64.49 | 59.91 | 57.80 | 56.77 | 56.25 | 55.99 |
| 6 000 | 77.39 | 71.89 | 69.36 | 68.12 | 67.50 | 67.19 |
| 7 000 | 90.29 | 83.87 | 80.91 | 79.47 | 78.75 | 78.39 |
| 8 000 | 103.18 | 95.85 | 92.47 | 90.83 | 90.00 | 89.58 |
| 9 000 | 116.03 | 107.86 | 104.03 | 102.18 | 101.25 | 100.78 |
| 10 000 | 128.98 | 119.82 | 115.59 | 113.53 | 112.50 | 111.98 |
| 15 000 | 193.47 | 179.73 | 173.39 | 170.30 | 168.76 | 167.97 |
| 20 000 | 257.96 | 239.63 | 231.19 | 227.07 | 225.01 | 223.96 |
| 25 000 | 322.45 | 299.54 | 288.98 | 283.84 | 281.26 | 279.95 |
| 30 000 | 386.94 | 359.45 | 346.78 | 340.60 | 337.51 | 335.94 |
| 35 000 | 451.43 | 419.36 | 404.57 | 397.37 | 393.76 | 391.93 |
| 40 000 | 515.92 | 479.27 | 462.37 | 454.14 | 450.01 | 447.92 |
| 45 000 | 580.42 | 539.18 | 520.17 | 510.90 | 506.27 | 503.91 |
| 50 000 | 644.91 | 599.08 | 577.96 | 567.67 | 562.52 | 559.90 |
| 60 000 | 773.89 | 718.90 | 693.56 | 681.20 | 675.02 | 671.89 |
| 70 000 | 902.87 | 838.72 | 809.15 | 794.74 | 787.53 | 783.87 |
| 80 000 | 1,031.85 | 958.54 | 924.74 | 908.27 | 900.03 | 895.85 |
| 90 000 | 1,160.83 | 1,078.35 | 1,040.34 | 1,021.81 | 1,012.53 | 1,007.83 |
| 100 000 | 1,289.81 | 1,198.17 | 1,155.93 | 1,135.34 | 1,125.04 | 1,119.81 |

### durée du prêt (en années)

| MONTANT | 1 | 2 | 3 | 4 | 5 | 10 |
|---|---|---|---|---|---|---|
| 500 | 44.80 | 23.91 | 16.99 | 13.57 | 11.53 | 7.65 |
| 1 000 | 89.60 | 47.83 | 33.99 | 27.13 | 23.07 | 15.29 |
| 2 000 | 179.21 | 95.66 | 67.98 | 54.26 | 46.13 | 30.58 |
| 3 000 | 268.81 | 143.48 | 101.96 | 81.39 | 69.20 | 45.88 |
| 4 000 | 358.41 | 191.31 | 135.95 | 108.52 | 92.26 | 61.17 |
| 5 000 | 448.01 | 239.14 | 169.94 | 135.65 | 115.33 | 76.46 |
| 6 000 | 537.62 | 286.97 | 203.93 | 162.78 | 138.39 | 91.75 |
| 7 000 | 627.22 | 334.80 | 237.91 | 189.91 | 161.46 | 107.04 |
| 8 000 | 716.82 | 382.62 | 271.90 | 217.04 | 184.53 | 122.34 |
| 9 000 | 806.43 | 430.45 | 305.89 | 244.17 | 207.59 | 137.63 |
| 10 000 | 896.03 | 478.28 | 339.88 | 271.30 | 230.66 | 152.92 |
| 15 000 | 1,344.04 | 717.42 | 509.82 | 406.96 | 345.99 | 229.38 |
| 20 000 | 1,792.06 | 956.56 | 679.75 | 542.61 | 461.31 | 305.84 |
| 25 000 | 2,240.07 | 1,195.70 | 849.69 | 678.26 | 576.64 | 382.30 |
| 30 000 | 2,688.09 | 1,434.84 | 1,019.63 | 813.91 | 691.97 | 458.76 |
| 35 000 | 3,136.10 | 1,673.98 | 1,189.57 | 949.56 | 807.30 | 535.22 |
| 40 000 | 3,584.12 | 1,913.12 | 1,359.51 | 1,085.22 | 922.63 | 611.68 |
| 45 000 | 4,032.13 | 2,152.26 | 1,529.45 | 1,220.87 | 1,037.96 | 688.14 |
| 50 000 | 4,480.15 | 2,391.40 | 1,699.38 | 1,356.52 | 1,153.28 | 764.60 |
| 60 000 | 5,376.18 | 2,869.68 | 2,039.26 | 1,627.82 | 1,383.94 | 917.52 |
| 70 000 | 6,272.20 | 3,347.96 | 2,379.14 | 1,899.13 | 1,614.60 | 1,070.44 |
| 80 000 | 7,168.23 | 3,826.24 | 2,719.01 | 2,170.43 | 1,845.25 | 1,223.37 |
| 90 000 | 8,064.26 | 4,304.52 | 3,058.89 | 2,441.74 | 2,075.91 | 1,376.28 |
| 100 000 | 8,960.29 | 4,782.81 | 3,398.77 | 2,713.04 | 2,306.57 | 1,529.20 |

### durée du prêt (en années)

| MONTANT | 15 | 20 | 25 | 30 | 35 | 40 |
|---|---|---|---|---|---|---|
| 500 | 6.53 | 6.08 | 5.87 | 5.77 | 5.72 | 5.70 |
| 1 000 | 13.06 | 12.15 | 11.74 | 11.54 | 11.44 | 11.39 |
| 2 000 | 26.11 | 24.30 | 23.48 | 23.08 | 22.88 | 22.78 |
| 3 000 | 39.17 | 36.46 | 35.22 | 34.62 | 34.32 | 34.17 |
| 4 000 | 52.22 | 48.61 | 46.96 | 46.16 | 45.76 | 45.56 |
| 5 000 | 65.28 | 60.76 | 58.69 | 57.70 | 57.20 | 56.96 |
| 6 000 | 78.33 | 72.91 | 70.43 | 69.24 | 68.64 | 68.35 |
| 7 000 | 91.39 | 85.06 | 82.17 | 80.78 | 80.08 | 79.74 |
| 8 000 | 104.44 | 97.21 | 93.91 | 92.32 | 91.53 | 91.13 |
| 9 000 | 117.50 | 109.37 | 105.65 | 103.85 | 102.97 | 102.52 |
| 10 000 | 130.55 | 121.52 | 117.39 | 115.39 | 114.41 | 113.91 |
| 15 000 | 195.83 | 182.28 | 176.08 | 173.09 | 171.61 | 170.87 |
| 20 000 | 261.11 | 243.04 | 234.78 | 230.79 | 228.81 | 227.82 |
| 25 000 | 326.38 | 303.79 | 293.47 | 288.48 | 286.02 | 284.78 |
| 30 000 | 391.66 | 364.55 | 352.16 | 346.18 | 343.22 | 341.73 |
| 35 000 | 456.94 | 425.31 | 410.86 | 403.88 | 400.42 | 398.69 |
| 40 000 | 522.21 | 486.07 | 469.55 | 461.58 | 457.63 | 455.64 |
| 45 000 | 587.49 | 546.83 | 528.24 | 519.27 | 514.83 | 512.60 |
| 50 000 | 652.76 | 607.59 | 586.94 | 576.97 | 572.03 | 569.55 |
| 60 000 | 786.32 | 729.11 | 704.33 | 692.36 | 686.44 | 683.46 |
| 70 000 | 913.87 | 850.62 | 821.71 | 807.76 | 800.84 | 797.37 |
| 80 000 | 1,044.42 | 972.14 | 939.10 | 923.15 | 915.25 | 911.28 |
| 90 000 | 1,174.98 | 1,093.66 | 1,056.49 | 1,038.55 | 1,029.66 | 1,025.20 |
| 100 000 | 1,305.53 | 1,215.18 | 1,173.88 | 1,153.94 | 1,144.06 | 1,139.11 |

## durée du prêt (en années)

| MONTANT | 1 | 2 | 3 | 4 | 5 | 10 |
|---|---|---|---|---|---|---|
| 500 | 44.86 | 23.97 | 17.05 | 13.62 | 11.59 | 7.72 |
| 1 000 | 89.71 | 47.94 | 34.10 | 27.25 | 23.19 | 15.43 |
| 2 000 | 179.43 | 95.88 | 68.20 | 54.50 | 46.38 | 30.87 |
| 3 000 | 269.14 | 143.82 | 102.31 | 81.75 | 69.56 | 46.30 |
| 4 000 | 358.86 | 191.76 | 136.41 | 108.99 | 92.75 | 61.73 |
| 5 000 | 448.67 | 239.70 | 170.51 | 136.24 | 115.94 | 77.17 |
| 6 000 | 538.28 | 287.64 | 204.61 | 163.49 | 139.13 | 92.60 |
| 7 000 | 628.00 | 335.58 | 238.72 | 190.74 | 162.31 | 108.03 |
| 8 000 | 717.71 | 383.52 | 272.82 | 217.99 | 185.50 | 123.47 |
| 9 000 | 807.43 | 431.46 | 306.92 | 245.24 | 208.69 | 138.90 |
| 10 000 | 897.14 | 479.39 | 341.02 | 272.49 | 231.88 | 154.33 |
| 15 000 | 1,345.71 | 719.09 | 511.53 | 408.73 | 347.82 | 231.50 |
| 20 000 | 1,794.28 | 958.79 | 682.04 | 544.97 | 463.75 | 308.67 |
| 25 000 | 2,242.85 | 1,198.49 | 852.55 | 681.21 | 579.69 | 385.83 |
| 30 000 | 2,691.42 | 1,438.18 | 1,023.06 | 817.46 | 695.63 | 463.00 |
| 35 000 | 3,139.99 | 1,677.88 | 1,193.58 | 953.70 | 811.57 | 540.16 |
| 40 000 | 3,588.56 | 1,917.58 | 1,364.09 | 1,089.90 | 927.51 | 617.33 |
| 45 000 | 4,037.13 | 2,157.28 | 1,534.60 | 1,226.18 | 1,043.45 | 694.50 |
| 50 000 | 4,485.70 | 2,396.97 | 1,705.11 | 1,362.43 | 1,159.39 | 771.66 |
| 60 000 | 5,382.84 | 2,876.37 | 2,046.13 | 1,634.91 | 1,391.26 | 926.00 |
| 70 000 | 6,279.98 | 3,355.76 | 2,387.15 | 1,907.40 | 1,623.14 | 1,080.33 |
| 80 000 | 7,177.12 | 3,835.16 | 2,728.17 | 2,179.88 | 1,855.02 | 1,234.66 |
| 90 000 | 8,074.26 | 4,314.55 | 3,069.19 | 2,452.37 | 2,086.89 | 1,389.00 |
| 100 000 | 8,971.40 | 4,793.94 | 3,410.21 | 2,724.85 | 2,318.77 | 1,543.33 |

### durée du prêt (en années)

| MONTANT | 15 | 20 | 25 | 30 | 35 | 40 |
|---|---|---|---|---|---|---|
| 500 | 6.61 | 6.16 | 5.96 | 5.86 | 5.82 | 5.79 |
| 1 000 | 13.21 | 12.32 | 11.92 | 11.73 | 11.63 | 11.58 |
| 2 000 | 26.43 | 24.64 | 23.84 | 23.45 | 23.26 | 23.17 |
| 3 000 | 39.64 | 36.97 | 35.76 | 35.18 | 34.89 | 34.75 |
| 4 000 | 52.85 | 49.29 | 47.67 | 46.90 | 46.52 | 46.34 |
| 5 000 | 66.07 | 61.61 | 59.59 | 58.63 | 58.16 | 57.92 |
| 6 000 | 79.28 | 73.93 | 71.51 | 70.35 | 69.79 | 69.50 |
| 7 000 | 92.49 | 86.26 | 83.43 | 82.08 | 81.42 | 81.09 |
| 8 000 | 105.70 | 98.58 | 95.35 | 93.81 | 93.04 | 92.67 |
| 9 000 | 118.92 | 110.90 | 107.27 | 105.53 | 104.68 | 104.26 |
| 10 000 | 132.13 | 123.22 | 119.19 | 117.26 | 116.31 | 115.85 |
| 15 000 | 198.20 | 184.84 | 178.78 | 175.89 | 174.47 | 173.76 |
| 20 000 | 264.26 | 246.45 | 238.37 | 234.51 | 232.63 | 231.68 |
| 25 000 | 330.33 | 308.06 | 297.97 | 293.14 | 290.78 | 289.60 |
| 30 000 | 396.39 | 369.67 | 357.56 | 351.77 | 348.93 | 347.52 |
| 35 000 | 462.46 | 431.28 | 417.16 | 410.40 | 407.09 | 405.44 |
| 40 000 | 528.52 | 492.90 | 476.75 | 469.03 | 465.24 | 463.37 |
| 45 000 | 594.59 | 554.51 | 536.34 | 527.66 | 523.40 | 521.29 |
| 50 000 | 660.65 | 616.12 | 595.94 | 586.29 | 581.56 | 579.21 |
| 60 000 | 792.79 | 739.35 | 715.12 | 703.54 | 697.87 | 695.05 |
| 70 000 | 924.92 | 862.57 | 834.31 | 820.80 | 814.18 | 810.89 |
| 80 000 | 1,057.05 | 985.79 | 953.50 | 938.06 | 930.49 | 926.73 |
| 90 000 | 1,189.18 | 1,109.02 | 1,072.69 | 1,055.32 | 1,046.80 | 1,042.57 |
| 100 000 | 1,321.31 | 1,232.24 | 1,191.87 | 1,172.57 | 1,163.11 | 1,158.41 |

## durée du prêt (en années)

| MONTANT | 1 | 2 | 3 | 4 | 5 | 10 |
|---|---|---|---|---|---|---|
| 500 | 44.91 | 24.03 | 17.11 | 13.68 | 11.65 | 7.79 |
| 1 000 | 88.82 | 48.15 | 34.22 | 27.37 | 23.31 | 15.58 |
| 2 000 | 179.65 | 96.10 | 68.43 | 54.73 | 46.62 | 31.15 |
| 3 000 | 269.47 | 144.15 | 102.65 | 82.10 | 69.93 | 46.73 |
| 4 000 | 359.30 | 192.20 | 136.87 | 109.47 | 93.24 | 62.30 |
| 5 000 | 449.12 | 240.25 | 171.08 | 136.83 | 116.55 | 77.88 |
| 6 000 | 538.95 | 288.31 | 205.30 | 164.20 | 139.86 | 93.45 |
| 7 000 | 628.77 | 336.36 | 239.52 | 191.57 | 163.17 | 109.03 |
| 8 000 | 718.60 | 384.41 | 273.73 | 218.93 | 186.48 | 124.60 |
| 9 000 | 808.42 | 432.46 | 307.95 | 246.30 | 209.79 | 140.18 |
| 10 000 | 898.25 | 480.51 | 342.17 | 273.67 | 233.10 | 155.75 |
| 15 000 | 1,347.87 | 720.76 | 513.25 | 410.50 | 349.65 | 233.63 |
| 20 000 | 1,796.50 | 961.02 | 684.33 | 547.34 | 466.20 | 311.50 |
| 25 000 | 2,245.62 | 1,201.27 | 855.42 | 684.17 | 582.75 | 389.38 |
| 30 000 | 2,694.75 | 1,441.53 | 1,026.50 | 821.01 | 699.30 | 467.25 |
| 35 000 | 3,143.87 | 1,681.78 | 1,197.58 | 957.84 | 815.85 | 545.13 |
| 40 000 | 3,593.00 | 1,922.04 | 1,368.67 | 1,094.67 | 932.40 | 623.00 |
| 45 000 | 4,042.12 | 2,162.29 | 1,539.75 | 1,231.51 | 1,048.95 | 700.88 |
| 50 000 | 4,491.25 | 2,402.54 | 1,710.84 | 1,368.34 | 1,165.50 | 778.75 |
| 60 000 | 5,389.50 | 2,883.05 | 2,053.00 | 1,642.01 | 1,398.60 | 934.50 |
| 70 000 | 6,287.75 | 3,363.56 | 2,395.17 | 1,915.68 | 1,631.70 | 1,090.25 |
| 80 000 | 7,186.00 | 3,844.07 | 2,737.34 | 2,189.68 | 1,864.80 | 1,246.00 |
| 90 000 | 8,084.25 | 4,324.58 | 3,079.50 | 2,463.02 | 2,097.90 | 1,401.75 |
| 100 000 | 8,982.50 | 4,805.09 | 3,421.67 | 2,736.68 | 2,331.00 | 1,557.50 |

## durée du prêt (en années)

| MONTANT | 15 | 20 | 25 | 30 | 35 | 40 |
|---|---|---|---|---|---|---|
| 500 | 6.69 | 6.25 | 6.05 | 5.96 | 5.91 | 5.89 |
| 1 000 | 13.37 | 12.49 | 12.10 | 11.91 | 11.82 | 11.78 |
| 2 000 | 26.74 | 24.99 | 24.20 | 23.82 | 23.64 | 23.55 |
| 3 000 | 40.11 | 37.48 | 36.30 | 35.74 | 35.47 | 35.33 |
| 4 000 | 53.49 | 79.97 | 48.40 | 47.65 | 47.29 | 47.11 |
| 5 000 | 66.86 | 62.47 | 60.50 | 59.56 | 59.11 | 58.89 |
| 6 000 | 80.23 | 74.96 | 72.60 | 71.47 | 70.93 | 70.66 |
| 7 000 | 93.60 | 87.46 | 84.69 | 83.39 | 82.75 | 82.44 |
| 8 000 | 106.97 | 99.95 | 96.79 | 95.30 | 94.57 | 94.22 |
| 9 000 | 120.34 | 112.44 | 108.89 | 107.21 | 106.40 | 106.00 |
| 10 000 | 133.72 | 124.94 | 120.99 | 119.12 | 118.22 | 117.77 |
| 15 000 | 200.57 | 187.41 | 181.49 | 178.69 | 177.33 | 176.66 |
| 20 000 | 267.43 | 249.87 | 241.98 | 238.25 | 236.44 | 235.55 |
| 25 000 | 334.29 | 312.34 | 302.48 | 297.81 | 295.54 | 294.43 |
| 30 000 | 401.15 | 374.81 | 362.98 | 357.37 | 354.65 | 353.32 |
| 35 000 | 468.00 | 437.28 | 423.47 | 416.93 | 413.76 | 412.20 |
| 40 000 | 534.86 | 499.75 | 483.97 | 476.50 | 472.87 | 471.09 |
| 45 000 | 601.72 | 562.22 | 544.46 | 536.06 | 531.98 | 529.98 |
| 50 000 | 668.58 | 624.68 | 604.96 | 595.62 | 591.09 | 588.86 |
| 60 000 | 802.29 | 749.62 | 725.95 | 714.75 | 709.31 | 706.64 |
| 70 000 | 936.01 | 874.56 | 846.94 | 833.87 | 827.52 | 824.41 |
| 80 000 | 1,069.72 | 999.49 | 967.94 | 952.99 | 945.74 | 942.18 |
| 90 000 | 1,203.44 | 1,124.43 | 1,088.93 | 1,072.12 | 1,063.96 | 1,059.96 |
| 100 000 | 1,337.15 | 1,249.37 | 1,209.92 | 1,191.24 | 1,182.18 | 1,177.73 |

## durée du prêt (en années)

| MONTANT | 1 | 2 | 3 | 4 | 5 | 10 |
|---|---|---|---|---|---|---|
| 500 | 44.97 | 24.08 | 17.17 | 13.74 | 11.72 | 7.86 |
| 1 000 | 89.94 | 48.16 | 34.33 | 27.49 | 23.43 | 15.72 |
| 2 000 | 179.87 | 96.32 | 68.66 | 54.97 | 46.86 | 31.43 |
| 3 000 | 269.81 | 144.49 | 102.99 | 82.46 | 70.30 | 47.15 |
| 4 000 | 359.74 | 192.65 | 137.33 | 109.94 | 93.73 | 62.87 |
| 5 000 | 449.68 | 240.81 | 171.66 | 137.43 | 117.16 | 78.59 |
| 6 000 | 539.62 | 288.97 | 205.99 | 164.91 | 140.59 | 94.30 |
| 7 000 | 629.55 | 337.14 | 240.32 | 192.40 | 164.03 | 110.02 |
| 8 000 | 719.49 | 385.30 | 274.65 | 219.88 | 187.46 | 125.74 |
| 9 000 | 809.42 | 433.46 | 308.98 | 247.37 | 210.89 | 141.46 |
| 10 000 | 899.36 | 481.62 | 343.31 | 274.85 | 234.32 | 157.17 |
| 15 000 | 1,349.04 | 722.44 | 514.97 | 412.28 | 351.49 | 235.76 |
| 20 000 | 1,798.72 | 963.25 | 686.63 | 549.71 | 468.65 | 314.35 |
| 25 000 | 2,248.40 | 1,204.06 | 858.28 | 687.13 | 585.80 | 392.93 |
| 30 000 | 2,698.08 | 1,444.87 | 1,029.94 | 824.56 | 702.97 | 471.52 |
| 35 000 | 3,147.76 | 1,685.68 | 1,201.60 | 961.99 | 820.14 | 550.11 |
| 40 000 | 3,597.44 | 1,926.50 | 1,373.26 | 1,099.41 | 937.30 | 628.69 |
| 45 000 | 4,047.18 | 2,167.31 | 1,544.91 | 1,236.84 | 1,054.46 | 707.28 |
| 50 000 | 4,496.80 | 2,408.12 | 1,716.57 | 1,374.27 | 1,171.62 | 785.87 |
| 60 000 | 5,396.16 | 2,889.74 | 2,059.88 | 1,649.12 | 1,405.95 | 943.04 |
| 70 000 | 6,295.52 | 3,371.37 | 2,403.20 | 1,923.97 | 1,640.27 | 1,100.21 |
| 80 000 | 7,194.88 | 3,852.99 | 2,746.51 | 2,198.83 | 1,874.60 | 1,257.38 |
| 90 000 | 8,094.24 | 4,334.61 | 3,089.82 | 2,473.68 | 2,108.92 | 1,414.56 |
| 100 000 | 8,993.60 | 4,816.24 | 3,433.14 | 2,748.53 | 2,343.25 | 1,571.73 |

## durée du prêt (en années)

| MONTANT | 15 | 20 | 25 | 30 | 35 | 40 |
|---|---|---|---|---|---|---|
| 500 | 6.77 | 6.33 | 6.14 | 6.05 | 6.01 | 5.99 |
| 1 000 | 13.53 | 12.67 | 12.28 | 12.10 | 12.01 | 11.97 |
| 2 000 | 27.06 | 25.33 | 24.56 | 24.20 | 24.03 | 23.94 |
| 3 000 | 40.59 | 38.00 | 36.84 | 36.30 | 36.04 | 35.91 |
| 4 000 | 54.12 | 50.66 | 49.12 | 48.40 | 48.05 | 47.88 |
| 5 000 | 67.65 | 63.33 | 61.40 | 60.50 | 60.06 | 59.85 |
| 6 000 | 81.18 | 75.99 | 73.68 | 72.60 | 72.08 | 71.82 |
| 7 000 | 94.71 | 88.66 | 85.96 | 84.70 | 84.09 | 83.79 |
| 8 000 | 108.24 | 101.32 | 98.24 | 96.80 | 96.10 | 95.76 |
| 9 000 | 121.77 | 113.99 | 110.52 | 108.89 | 108.11 | 107.73 |
| 10 000 | 135.30 | 126.65 | 122.80 | 120.99 | 120.13 | 119.70 |
| 15 000 | 202.96 | 189.98 | 184.20 | 181.49 | 180.19 | 179.56 |
| 20 000 | 270.61 | 253.31 | 245.60 | 241.99 | 240.25 | 239.41 |
| 25 000 | 338.26 | 316.64 | 307.00 | 302.49 | 300.32 | 299.26 |
| 30 000 | 405.91 | 379.96 | 368.40 | 362.98 | 360.38 | 359.11 |
| 35 000 | 473.57 | 443.29 | 429.80 | 423.48 | 420.44 | 418.97 |
| 40 000 | 541.22 | 506.62 | 491.20 | 483.98 | 480.51 | 478.82 |
| 45 000 | 608.87 | 569.95 | 552.61 | 544.47 | 540.57 | 538.67 |
| 50 000 | 676.52 | 633.27 | 614.01 | 604.97 | 600.63 | 598.52 |
| 60 000 | 811.83 | 759.93 | 736.81 | 725.96 | 720.76 | 718.23 |
| 70 000 | 947.13 | 886.58 | 859.61 | 846.96 | 840.88 | 837.93 |
| 80 000 | 1,082.44 | 1,013.24 | 982.41 | 967.95 | 961.01 | 957.64 |
| 90 000 | 1,217.74 | 1,139.89 | 1,105.21 | 1,088.95 | 1,081.14 | 1,077.34 |
| 100 000 | 1,353.05 | 1,266.55 | 1,228.01 | 1,209.94 | 1,201.26 | 1,197.05 |

## durée du prêt (en années)

| MONTANT | 1 | 2 | 3 | 4 | 5 | 10 |
|---|---|---|---|---|---|---|
| 500 | 45.02 | 24.14 | 17.22 | 13.80 | 11.78 | 7.93 |
| 1 000 | 90.05 | 48.27 | 34.45 | 27.60 | 23.56 | 15.86 |
| 2 000 | 180.09 | 96.55 | 68.89 | 55.21 | 47.11 | 31.72 |
| 3 000 | 270.14 | 144.82 | 103.34 | 82.81 | 70.67 | 47.58 |
| 4 000 | 360.19 | 193.10 | 137.78 | 110.42 | 94.22 | 63.44 |
| 5 000 | 450.23 | 241.37 | 172.23 | 138.02 | 117.78 | 79.30 |
| 6 000 | 540.28 | 289.64 | 206.68 | 165.62 | 141.33 | 95.16 |
| 7 000 | 630.33 | 337.92 | 241.12 | 193.23 | 164.89 | 111.02 |
| 8 000 | 720.38 | 386.19 | 275.57 | 220.83 | 188.44 | 126.88 |
| 9 000 | 810.42 | 434.47 | 310.02 | 248.44 | 212.00 | 142.74 |
| 10 000 | 900.47 | 482.74 | 344.46 | 276.04 | 235.55 | 158.60 |
| 15 000 | 1,350.70 | 724.11 | 516.69 | 414.06 | 353.33 | 237.90 |
| 20 000 | 1,800.94 | 965.48 | 698.92 | 552.08 | 471.10 | 317.20 |
| 25 000 | 2,251.17 | 1,206.85 | 861.15 | 690.10 | 588.88 | 396.50 |
| 30 000 | 2,701.41 | 1,448.22 | 1,033.39 | 828.12 | 706.66 | 475.80 |
| 35 000 | 3,151.64 | 1,689.59 | 1,205.62 | 966.14 | 824.43 | 555.10 |
| 40 000 | 3,601.88 | 1,930.96 | 1,377.85 | 1,104.16 | 942.21 | 634.40 |
| 45 000 | 4,052.11 | 2,172.33 | 1,550.08 | 1,242.18 | 1,059.99 | 713.70 |
| 50 000 | 4,502.34 | 2,413.70 | 1,722.31 | 1,380.20 | 1,177.76 | 793.00 |
| 60 000 | 5,402.81 | 2,896.43 | 2,066.77 | 1,656.24 | 1,413.31 | 951.60 |
| 70 000 | 6,303.28 | 3,379.17 | 2,411.23 | 1,932.28 | 1,648.87 | 1,110.20 |
| 80 000 | 7,203.75 | 3,861.91 | 2,755.69 | 2,208.32 | 1,884.42 | 1,268.80 |
| 90 000 | 8,104.22 | 4,344.65 | 3,100.16 | 2,484.36 | 2,119.97 | 1,427.40 |
| 100 000 | 9,004.69 | 4,827.39 | 3,444.62 | 2,760.40 | 2,355.52 | 1,586.00 |

## durée du prêt (en années)

| MONTANT | 15 | 20 | 25 | 30 | 35 | 40 |
|---|---|---|---|---|---|---|
| 500 | 6.85 | 6.42 | 6.23 | 6.14 | 6.10 | 6.08 |
| 1 000 | 13.69 | 12.84 | 12.46 | 12.29 | 12.20 | 12.16 |
| 2 000 | 27.38 | 25.68 | 24.92 | 24.57 | 24.41 | 24.33 |
| 3 000 | 41.07 | 38.51 | 37.38 | 36.86 | 36.61 | 36.49 |
| 4 000 | 54.76 | 51.35 | 49.85 | 49.15 | 48.81 | 48.65 |
| 5 000 | 68.45 | 64.19 | 62.31 | 61.43 | 61.02 | 60.82 |
| 6 000 | 82.14 | 77.03 | 74.77 | 73.72 | 73.22 | 72.98 |
| 7 000 | 95.83 | 89.86 | 87.23 | 86.01 | 85.43 | 85.15 |
| 8 000 | 109.52 | 102.70 | 99.69 | 98.29 | 97.63 | 97.31 |
| 9 000 | 123.21 | 115.54 | 112.15 | 110.58 | 109.83 | 109.47 |
| 10 000 | 139.90 | 128.38 | 124.61 | 122.87 | 122.04 | 121.64 |
| 15 000 | 205.35 | 192.57 | 186.92 | 184.30 | 183.05 | 182.46 |
| 20 000 | 273.80 | 256.76 | 249.23 | 245.73 | 244.07 | 243.27 |
| 25 000 | 342.25 | 320.95 | 311.54 | 307.17 | 305.09 | 304.09 |
| 30 000 | 410.70 | 385.14 | 373.84 | 368.60 | 366.11 | 364.91 |
| 35 000 | 479.15 | 449.32 | 436.15 | 430.03 | 427.13 | 425.73 |
| 40 000 | 547.60 | 513.51 | 498.46 | 491.47 | 488.15 | 486.55 |
| 45 000 | 616.05 | 577.70 | 560.77 | 552.90 | 549.16 | 547.37 |
| 50 000 | 684.50 | 641.89 | 623.07 | 614.33 | 610.18 | 608.19 |
| 60 000 | 821.40 | 770.27 | 747.69 | 737.20 | 732.22 | 729.82 |
| 70 000 | 958.31 | 898.65 | 872.30 | 860.07 | 854.25 | 851.46 |
| 80 000 | 1,095.21 | 1,027.03 | 996.92 | 982.93 | 976.29 | 973.10 |
| 90 000 | 1,232.11 | 1,155.41 | 1,121.53 | 1,105.80 | 1,098.33 | 1,094.74 |
| 100 000 | 1,369.01 | 1,283.78 | 1,246.15 | 1,228.67 | 1,220.36 | 1,216.37 |

## durée du prêt (en années)

| MONTANT | 1 | 2 | 3 | 4 | 5 | 10 |
|---|---|---|---|---|---|---|
| 500 | 45.13 | 24.25 | 17.34 | 13.92 | 11.90 | 8.07 |
| 1 000 | 90.27 | 48.50 | 34.68 | 27.84 | 23.80 | 16.15 |
| 2 000 | 180.54 | 96.99 | 69.35 | 55.68 | 47.60 | 32.29 |
| 3 000 | 270.81 | 145.49 | 103.34 | 83.53 | 71.40 | 48.44 |
| 4 000 | 361.07 | 193.99 | 138.70 | 111.37 | 95.21 | 64.58 |
| 5 000 | 451.34 | 242.49 | 173.38 | 139.21 | 119.01 | 80.73 |
| 6 000 | 541.61 | 290.98 | 208.06 | 167.06 | 142.81 | 96.88 |
| 7 000 | 631.88 | 339.48 | 242.73 | 194.89 | 166.61 | 113.03 |
| 8 000 | 722.15 | 387.98 | 277.41 | 222.74 | 190.41 | 129.18 |
| 9 000 | 812.42 | 436.47 | 312.08 | 250.58 | 214.21 | 145.32 |
| 10 000 | 902.69 | 484.97 | 346.77 | 278.42 | 238.01 | 161.47 |
| 15 000 | 1,354.03 | 727.46 | 520.14 | 417.63 | 357.02 | 242.20 |
| 20 000 | 1,805.37 | 969.94 | 693.52 | 556.84 | 476.03 | 322.94 |
| 25 000 | 2,256.72 | 1,212.43 | 866.90 | 696.05 | 595.04 | 403.67 |
| 30 000 | 2,708.06 | 1,454.91 | 1,040.28 | 835.26 | 714.04 | 484.41 |
| 35 000 | 3,159.40 | 1,697.40 | 1,213.66 | 974.47 | 833.05 | 565.14 |
| 40 000 | 3,610.75 | 1,939.88 | 1,387.04 | 1,113.68 | 952.06 | 645.88 |
| 45 000 | 4,062.09 | 2,182.37 | 1,560.42 | 1,252.88 | 1,071.07 | 726.61 |
| 50 000 | 4,513.43 | 2,424.85 | 1,733.80 | 1,392.09 | 1,190.07 | 807.35 |
| 60 000 | 5,416.12 | 2,909.82 | 2,080.56 | 1,670.51 | 1,428.08 | 968.82 |
| 70 000 | 6,318.81 | 3,394.80 | 2,427.33 | 1,948.93 | 1,666.10 | 1,130.29 |
| 80 000 | 7,221.49 | 3,879.77 | 2,774.09 | 2,227.36 | 1,904.12 | 1,291.76 |
| 90 000 | 8,124.18 | 4,364.74 | 3,120.85 | 2,505.77 | 2,142.13 | 1,453.22 |
| 100 000 | 9,026.87 | 4,849.71 | 3,467.61 | 2,784.18 | 2,380.15 | 1,614.69 |

## durée du prêt (en années)

| MONTANT | 15 | 20 | 25 | 30 | 35 | 40 |
|---|---|---|---|---|---|---|
| 500 | 7.01 | 6.59 | 6.41 | 6.33 | 6.29 | 6.28 |
| 1 000 | 14.01 | 13.18 | 12.83 | 12.66 | 12.59 | 12.55 |
| 2 000 | 28.02 | 26.37 | 25.65 | 25.32 | 25.17 | 25.10 |
| 3 000 | 42.03 | 39.55 | 38.48 | 37.99 | 37.76 | 37.65 |
| 4 000 | 56.04 | 52.74 | 51.30 | 50.65 | 50.34 | 50.20 |
| 5 000 | 70.05 | 65.92 | 64.13 | 63.31 | 62.93 | 62.75 |
| 6 000 | 84.07 | 79.10 | 76.95 | 75.97 | 75.52 | 75.30 |
| 7 000 | 98.08 | 92.29 | 89.78 | 88.63 | 88.10 | 87.85 |
| 8 000 | 112.09 | 105.47 | 102.60 | 101.30 | 100.69 | 100.40 |
| 9 000 | 126.10 | 118.66 | 115.43 | 113.96 | 113.27 | 112.95 |
| 10 000 | 140.11 | 131.84 | 128.25 | 126.62 | 125.86 | 125.50 |
| 15 000 | 210.16 | 197.76 | 192.38 | 189.93 | 188.79 | 188.25 |
| 20 000 | 280.22 | 263.68 | 256.51 | 253.24 | 251.72 | 251.01 |
| 25 000 | 350.27 | 329.60 | 320.63 | 316.55 | 314.65 | 313.76 |
| 30 000 | 420.33 | 395.52 | 384.76 | 379.86 | 377.58 | 376.51 |
| 35 000 | 490.33 | 461.44 | 448.89 | 443.17 | 440.51 | 439.26 |
| 40 000 | 560.44 | 527.36 | 513.01 | 506.48 | 503.44 | 502.01 |
| 45 000 | 630.49 | 593.29 | 577.14 | 569.79 | 566.37 | 564.76 |
| 50 000 | 700.55 | 659.21 | 641.27 | 633.10 | 629.30 | 627.52 |
| 60 000 | 840.65 | 791.04 | 769.52 | 759.72 | 755.16 | 753.02 |
| 70 000 | 980.76 | 922.89 | 897.77 | 886.34 | 881.02 | 878.52 |
| 80 000 | 1,120.87 | 1,054.73 | 1,026.03 | 1,012.96 | 1,006.88 | 1,004.02 |
| 90 000 | 1,260.98 | 1,186.57 | 1,154.28 | 1,139.58 | 1,132.74 | 1,129.53 |
| 100 000 | 1,401.09 | 1,318.41 | 1,282.53 | 1,266.20 | 1,258.60 | 1,255.03 |

## durée du prêt (en années)

| MONTANT | 1 | 2 | 3 | 4 | 5 | 10 |
|---|---|---|---|---|---|---|
| 500 | 45.25 | 24.36 | 17.45 | 14.04 | 12.02 | 8.22 |
| 1 000 | 90.49 | 48.72 | 34.91 | 28.08 | 24.05 | 16.44 |
| 2 000 | 180.98 | 97.44 | 69.81 | 56.16 | 48.10 | 32.87 |
| 3 000 | 271.47 | 146.16 | 104.72 | 84.24 | 72.15 | 49.31 |
| 4 000 | 361.96 | 194.88 | 139.63 | 112.32 | 96.19 | 65.74 |
| 5 000 | 452.45 | 243.60 | 174.53 | 140.40 | 120.24 | 82.18 |
| 6 000 | 542.94 | 292.32 | 209.44 | 168.48 | 144.29 | 98.61 |
| 7 000 | 633.43 | 341.04 | 244.34 | 196.56 | 168.34 | 115.05 |
| 8 000 | 723.92 | 389.76 | 279.25 | 224.64 | 192.39 | 131.49 |
| 9 000 | 814.41 | 438.48 | 314.16 | 252.72 | 216.44 | 147.92 |
| 10 000 | 904.90 | 487.20 | 349.06 | 280.80 | 240.49 | 164.36 |
| 15 000 | 1,357.35 | 730.81 | 523.60 | 421.21 | 360.73 | 246.54 |
| 20 000 | 1,809.81 | 974.41 | 698.13 | 561.61 | 480.97 | 328.71 |
| 25 000 | 2,262.26 | 1,218.01 | 872.66 | 702.01 | 601.22 | 410.89 |
| 30 000 | 2,714.71 | 1,461.61 | 1,047.19 | 842.41 | 721.46 | 493.07 |
| 35 000 | 3,167.16 | 1,705.21 | 1,221.72 | 982.82 | 841.70 | 575.25 |
| 40 000 | 3,619.61 | 1,948.82 | 1,396.26 | 1,123.22 | 961.94 | 657.43 |
| 45 000 | 4,072.06 | 2,192.42 | 1,570.78 | 1,263.62 | 1,082.19 | 739.61 |
| 50 000 | 4,524.52 | 2,436.02 | 1,745.32 | 1,404.02 | 1,202.43 | 821.79 |
| 60 000 | 5,429.42 | 2,923.23 | 2,094.39 | 1,684.83 | 1,442.92 | 986.14 |
| 70 000 | 6,334.32 | 3,410.43 | 2,443.45 | 1,965.63 | 1,683.40 | 1,150.50 |
| 80 000 | 7,239.23 | 3,897.63 | 2,792.51 | 2,246.44 | 1,923.89 | 1,314.86 |
| 90 000 | 8,144.13 | 4,384.84 | 3,141.58 | 2,527.24 | 2,164.38 | 1,479.21 |
| 100 000 | 9,049.03 | 4,872.04 | 3,490.64 | 2,808.05 | 2,404.86 | 1,643.57 |

## durée du prêt (en années)

| MONTANT | 15 | 20 | 25 | 30 | 35 | 40 |
|---|---|---|---|---|---|---|
| 500 | 7.17 | 6.77 | 6.60 | 6.52 | 6.48 | 6.47 |
| 1 000 | 14.33 | 13.53 | 13.19 | 13.04 | 12.97 | 12.94 |
| 2 000 | 28.67 | 27.06 | 26.38 | 26.08 | 25.94 | 25.87 |
| 3 000 | 43.00 | 40.60 | 39.57 | 39.11 | 38.91 | 38.81 |
| 4 000 | 57.34 | 54.13 | 52.76 | 52.15 | 51.88 | 51.75 |
| 5 000 | 71.67 | 67.66 | 65.95 | 65.19 | 64.84 | 64.68 |
| 6 000 | 86.00 | 81.19 | 79.14 | 78.23 | 77.81 | 77.62 |
| 7 000 | 100.34 | 94.73 | 92.33 | 91.27 | 90.78 | 90.56 |
| 8 000 | 114.67 | 108.26 | 105.53 | 104.31 | 103.75 | 103.50 |
| 9 000 | 129.01 | 121.79 | 118.72 | 117.34 | 116.72 | 116.43 |
| 10 000 | 143.34 | 135.32 | 131.91 | 130.38 | 129.69 | 129.37 |
| 15 000 | 215.01 | 202.99 | 197.86 | 195.57 | 194.53 | 194.05 |
| 20 000 | 286.68 | 270.65 | 263.81 | 260.76 | 259.38 | 258.74 |
| 25 000 | 358.35 | 338.31 | 329.77 | 325.96 | 324.22 | 323.42 |
| 30 000 | 430.02 | 405.97 | 395.72 | 391.15 | 389.06 | 388.11 |
| 35 000 | 501.69 | 473.63 | 461.67 | 456.34 | 453.91 | 452.79 |
| 40 000 | 573.36 | 541.29 | 527.63 | 521.53 | 518.75 | 517.47 |
| 45 000 | 645.03 | 608.96 | 593.58 | 586.72 | 583.60 | 582.16 |
| 50 000 | 716.70 | 676.62 | 659.53 | 651.91 | 648.44 | 646.84 |
| 60 000 | 860.04 | 811.94 | 791.44 | 782.29 | 778.13 | 776.21 |
| 70 000 | 1,003.37 | 947.27 | 923.35 | 912.68 | 907.81 | 905.58 |
| 80 000 | 1,146.71 | 1,082.59 | 1,055.26 | 1,043.06 | 1,037.50 | 1,034.95 |
| 90 000 | 1,290.05 | 1,217.91 | 1,187.16 | 1,173.44 | 1,167.19 | 1,164.32 |
| 100 000 | 1,433.39 | 1,353.24 | 1,319.07 | 1,303.82 | 1,296.88 | 1,293.69 |

## durée du prêt (en années)

| MONTANT | 1 | 2 | 3 | 4 | 5 | 10 |
|---|---|---|---|---|---|---|
| 500 | 45.36 | 24.47 | 17.57 | 14.16 | 12.15 | 8.36 |
| 1 000 | 90.71 | 48.94 | 35.14 | 28.32 | 24.30 | 16.73 |
| 2 000 | 181.42 | 97.89 | 70.27 | 56.64 | 48.59 | 33.45 |
| 3 000 | 272.14 | 146.83 | 105.41 | 84.96 | 72.89 | 50.18 |
| 4 000 | 362.85 | 195.78 | 140.55 | 113.28 | 97.19 | 66.91 |
| 5 000 | 453.56 | 244.72 | 175.69 | 141.60 | 121.48 | 83.63 |
| 6 000 | 544.27 | 293.66 | 210.82 | 169.92 | 145.78 | 100.36 |
| 7 000 | 634.98 | 342.61 | 245.96 | 198.24 | 170.08 | 117.08 |
| 8 000 | 725.69 | 391.55 | 281.10 | 226.56 | 194.37 | 133.81 |
| 9 000 | 816.41 | 440.50 | 316.23 | 254.88 | 218.67 | 150.54 |
| 10 000 | 907.12 | 489.44 | 351.37 | 283.20 | 242.97 | 167.26 |
| 15 000 | 1,360.68 | 734.16 | 527.06 | 424.80 | 364.45 | 250.89 |
| 20 000 | 1,814.24 | 978.88 | 702.74 | 566.39 | 485.93 | 334.53 |
| 25 000 | 2,267.80 | 1,223.60 | 878.43 | 707.99 | 607.42 | 418.16 |
| 30 000 | 2,721.36 | 1,468.32 | 1,054.12 | 849.59 | 728.90 | 501.79 |
| 35 000 | 3,174.91 | 1,713.04 | 1,229.80 | 991.19 | 850.39 | 585.42 |
| 40 000 | 3,628.47 | 1,957.76 | 1,405.49 | 1,132.79 | 971.87 | 669.05 |
| 45 000 | 4,082.03 | 2,202.48 | 1,581.17 | 1,274.39 | 1,093.30 | 752.68 |
| 50 000 | 4,535.59 | 2,447.20 | 1,756.86 | 1,415.99 | 1,214.84 | 836.31 |
| 60 000 | 5,442.71 | 2,936.64 | 2,108.23 | 1,699.18 | 1,457.80 | 1,003.58 |
| 70 000 | 6,349.83 | 3,426.07 | 2,459.60 | 1,982.38 | 1,700.77 | 1,170.84 |
| 80 000 | 7,256.95 | 3,915.51 | 2,810.98 | 2,265.58 | 1,943.74 | 1,338.10 |
| 90 000 | 8,164.07 | 4,404.95 | 3,162.35 | 2,548.77 | 2,186.70 | 1,505.37 |
| 100 000 | 9,071.19 | 4,894.40 | 3,513.72 | 2,831.97 | 2,429.67 | 1,672.63 |

## durée du prêt (en années)

| MONTANT | 15 | 20 | 25 | 30 | 35 | 40 |
|---|---|---|---|---|---|---|
| 500 | 7.33 | 6.94 | 6.78 | 6.71 | 6.68 | 6.66 |
| 1 000 | 14.66 | 13.88 | 13.56 | 13.42 | 13.35 | 13.32 |
| 2 000 | 29.32 | 27.76 | 27.11 | 26.83 | 26.70 | 26.65 |
| 3 000 | 43.98 | 41.65 | 40.67 | 40.25 | 40.06 | 39.97 |
| 4 000 | 58.64 | 55.53 | 54.23 | 53.66 | 53.41 | 53.29 |
| 5 000 | 73.30 | 69.41 | 67.79 | 67.08 | 66.76 | 66.62 |
| 6 000 | 87.95 | 83.29 | 81.34 | 80.49 | 80.11 | 79.94 |
| 7 000 | 102.61 | 97.18 | 94.90 | 93.91 | 93.46 | 93.26 |
| 8 000 | 117.27 | 111.06 | 108.46 | 107.32 | 106.81 | 106.59 |
| 9 000 | 131.93 | 124.94 | 122.02 | 120.74 | 120.17 | 119.91 |
| 10 000 | 146.59 | 138.82 | 135.57 | 134.15 | 133.52 | 133.23 |
| 15 000 | 219.89 | 208.24 | 203.36 | 201.23 | 200.28 | 199.85 |
| 20 000 | 293.18 | 277.65 | 271.15 | 268.30 | 267.04 | 266.47 |
| 25 000 | 366.48 | 347.06 | 338.93 | 335.38 | 333.80 | 333.08 |
| 30 000 | 439.77 | 416.47 | 406.72 | 402.46 | 400.55 | 399.70 |
| 35 000 | 513.07 | 485.89 | 474.51 | 469.53 | 467.31 | 466.32 |
| 40 000 | 586.36 | 555.30 | 542.29 | 536.61 | 534.07 | 532.93 |
| 45 000 | 659.66 | 624.71 | 610.08 | 603.68 | 600.83 | 599.55 |
| 50 000 | 732.95 | 694.12 | 677.87 | 670.76 | 667.59 | 666.17 |
| 60 000 | 879.54 | 832.95 | 813.44 | 804.91 | 801.11 | 799.40 |
| 70 000 | 1,026.13 | 971.77 | 949.02 | 939.06 | 934.63 | 932.63 |
| 80 000 | 1,172.72 | 1,110.59 | 1,084.59 | 1,073.22 | 1,068.15 | 1,065.87 |
| 90 000 | 1,319.31 | 1,249.42 | 1,220.16 | 1,207.37 | 1,201.66 | 1,199.10 |
| 100 000 | 1,465.90 | 1,388.24 | 1,355.74 | 1,341.52 | 1,335.18 | 1,332.33 |

## durée du prêt (en années)

| MONTANT | 1 | 2 | 3 | 4 | 5 | 10 |
|---|---|---|---|---|---|---|
| 500 | 45.47 | 24.58 | 17.68 | 14.28 | 12.27 | 8.51 |
| 1 000 | 90.93 | 49.17 | 35.37 | 28.56 | 24.55 | 17.02 |
| 2 000 | 181.87 | 98.35 | 70.74 | 57.12 | 49.09 | 34.04 |
| 3 000 | 272.80 | 147.50 | 106.11 | 85.68 | 73.64 | 51.06 |
| 4 000 | 363.73 | 196.67 | 141.47 | 114.24 | 98.18 | 68.07 |
| 5 000 | 454.67 | 245.84 | 176.84 | 142.80 | 122.73 | 85.09 |
| 6 000 | 545.60 | 295.01 | 212.21 | 171.36 | 147.27 | 102.11 |
| 7 000 | 636.53 | 344.17 | 247.58 | 199.92 | 171.82 | 119.13 |
| 8 000 | 727.47 | 393.34 | 282.95 | 228.48 | 196.37 | 136.15 |
| 9 000 | 818.40 | 442.51 | 318.32 | 257.04 | 220.91 | 153.17 |
| 10 000 | 909.33 | 491.68 | 353.68 | 285.60 | 245.46 | 170.19 |
| 15 000 | 1,364.00 | 737.51 | 530.53 | 428.39 | 368.19 | 255.28 |
| 20 000 | 1,818.66 | 983.35 | 707.37 | 571.19 | 490.91 | 340.37 |
| 25 000 | 2,273.33 | 1,229.19 | 884.21 | 713.99 | 613.64 | 425.47 |
| 30 000 | 2,728.00 | 1,475.03 | 1,061.05 | 856.79 | 736.37 | 510.56 |
| 35 000 | 3,182.66 | 1,720.87 | 1,237.89 | 999.59 | 859.10 | 595.65 |
| 40 000 | 3,637.33 | 1,966.70 | 1,414.74 | 1,142.39 | 981.83 | 680.75 |
| 45 000 | 4,092.00 | 2,212.54 | 1,591.58 | 1,285.18 | 1,104.56 | 765.84 |
| 50 000 | 4,546.66 | 2,458.38 | 1,768.42 | 1,427.98 | 1,227.29 | 850.93 |
| 60 000 | 5,455.99 | 2,950.05 | 2,122.11 | 1,713.58 | 1,472.74 | 1,021.12 |
| 70 000 | 6,365.33 | 3,441.73 | 2,475.79 | 1,999.18 | 1,718.20 | 1,191.31 |
| 80 000 | 7,274.66 | 3,933.41 | 2,829.47 | 2,284.77 | 1,963.66 | 1,361.49 |
| 90 000 | 8,183.99 | 4,425.08 | 3,183.16 | 2,570.37 | 2,209.12 | 1,531.68 |
| 100 000 | 9,093.32 | 4,916.76 | 3,536.84 | 2,855.97 | 2,454.57 | 1,701.86 |

## durée du prêt (en années)

| MONTANT | 15 | 20 | 25 | 30 | 35 | 40 |
|---|---|---|---|---|---|---|
| 500 | 7.49 | 7.12 | 6.96 | 6.90 | 6.87 | 6.85 |
| 1 000 | 14.99 | 14.23 | 13.93 | 13.79 | 13.73 | 13.71 |
| 2 000 | 29.97 | 28.47 | 27.85 | 27.59 | 27.47 | 27.42 |
| 3 000 | 44.96 | 42.70 | 41.78 | 41.38 | 41.20 | 41.13 |
| 4 000 | 59.94 | 56.94 | 55.70 | 55.17 | 54.94 | 54.84 |
| 5 000 | 74.93 | 71.17 | 69.63 | 68.96 | 68.67 | 68.55 |
| 6 000 | 89.92 | 85.41 | 83.55 | 82.76 | 82.41 | 82.26 |
| 7 000 | 104.90 | 99.64 | 97.48 | 96.55 | 96.14 | 95.97 |
| 8 000 | 119.89 | 113.87 | 111.40 | 110.34 | 109.88 | 109.68 |
| 9 000 | 134.87 | 128.11 | 125.33 | 124.13 | 123.61 | 123.39 |
| 10 000 | 149.86 | 142.34 | 139.25 | 137.93 | 137.35 | 137.10 |
| 15 000 | 224.79 | 213.51 | 208.88 | 206.89 | 206.02 | 205.64 |
| 20 000 | 299.72 | 284.68 | 278.50 | 275.86 | 274.70 | 274.19 |
| 25 000 | 374.65 | 355.86 | 348.13 | 344.82 | 343.37 | 342.74 |
| 30 000 | 449.58 | 427.03 | 417.76 | 413.78 | 412.05 | 411.29 |
| 35 000 | 524.51 | 498.20 | 487.38 | 482.75 | 480.72 | 479.84 |
| 40 000 | 599.44 | 569.37 | 557.01 | 551.71 | 549.40 | 548.38 |
| 45 000 | 674.37 | 640.54 | 626.63 | 620.67 | 618.07 | 616.93 |
| 50 000 | 749.30 | 711.71 | 696.26 | 689.64 | 686.75 | 685.48 |
| 60 000 | 899.17 | 854.05 | 835.51 | 827.57 | 824.10 | 822.58 |
| 70 000 | 1,049.03 | 996.39 | 974.76 | 965.49 | 961.45 | 959.67 |
| 80 000 | 1,198.89 | 1,138.74 | 1,114.02 | 1,103.42 | 1,098.80 | 1,096.77 |
| 90 000 | 1,348.75 | 1,281.08 | 1,253.27 | 1,241.35 | 1,236.15 | 1,233.86 |
| 100 000 | 1,498.61 | 1,423.42 | 1,392.52 | 1,379.28 | 1,373.50 | 1,370.96 |

## durée du prêt (en années)

| MONTANT | 1 | 2 | 3 | 4 | 5 | 10 |
|---|---|---|---|---|---|---|
| 500 | 45.58 | 24.70 | 17.80 | 14.40 | 12.40 | 8.66 |
| 1 000 | 91.15 | 49.39 | 35.60 | 28.80 | 24.80 | 17.31 |
| 2 000 | 182.31 | 98.78 | 71.20 | 57.60 | 49.59 | 34.63 |
| 3 000 | 273.46 | 148.17 | 106.80 | 86.40 | 74.39 | 51.94 |
| 4 000 | 364.62 | 197.57 | 142.40 | 115.20 | 99.18 | 69.25 |
| 5 000 | 455.77 | 246.96 | 178.00 | 144.00 | 123.98 | 86.56 |
| 6 000 | 546.93 | 296.35 | 213.60 | 172.80 | 148.77 | 103.88 |
| 7 000 | 638.08 | 345.74 | 249.20 | 201.60 | 173.57 | 121.19 |
| 8 000 | 729.24 | 395.13 | 284.80 | 230.40 | 198.37 | 138.50 |
| 9 000 | 820.39 | 444.52 | 320.40 | 259.20 | 223.16 | 155.81 |
| 10 000 | 911.55 | 493.91 | 356.00 | 288.00 | 247.96 | 173.13 |
| 15 000 | 1,367.32 | 740.87 | 534.00 | 432.00 | 371.94 | 259.69 |
| 20 000 | 1,823.09 | 987.83 | 712.00 | 576.01 | 495.91 | 346.25 |
| 25 000 | 2,278.86 | 1,234.79 | 890.00 | 720.01 | 619.89 | 432.82 |
| 30 000 | 2,734.64 | 1,481.74 | 1,068.00 | 864.01 | 743.87 | 519.38 |
| 35 000 | 3,190.41 | 1,728.70 | 1,246.00 | 1,008.01 | 867.85 | 605.95 |
| 40 000 | 3,646.18 | 1,975.66 | 1,424.00 | 1,152.01 | 991.83 | 692.51 |
| 45 000 | 4,101.95 | 2,222.61 | 1,602.00 | 1,296.01 | 1,115.81 | 779.07 |
| 50 000 | 4,557.73 | 2,469.57 | 1,780.00 | 1,440.01 | 1,239.78 | 865.64 |
| 60 000 | 5,469.27 | 2,963.48 | 2,136.00 | 1,728.02 | 1,487.74 | 1,038.76 |
| 70 000 | 6,380.82 | 3,457.40 | 2,492.00 | 2,016.02 | 1,735.70 | 1,211.89 |
| 80 000 | 7,292.36 | 3,951.31 | 2,848.00 | 2,304.02 | 1,983.65 | 1,385.02 |
| 90 000 | 8,203.91 | 4,445.23 | 3,204.00 | 2,592.03 | 2,231.61 | 1,558.15 |
| 100 000 | 9,115.45 | 4,939.14 | 3,560.01 | 2,880.03 | 2,479.57 | 1,731.27 |

## durée du prêt (en années)

| MONTANT | 15 | 20 | 25 | 30 | 35 | 40 |
|---|---|---|---|---|---|---|
| 500 | 7.66 | 7.29 | 7.15 | 7.09 | 7.06 | 7.05 |
| 1 000 | 15.32 | 14.59 | 14.29 | 14.17 | 14.12 | 14.10 |
| 2 000 | 30.63 | 29.18 | 28.59 | 28.34 | 28.24 | 28.19 |
| 3 000 | 45.95 | 43.76 | 42.88 | 42.51 | 42.35 | 42.29 |
| 4 000 | 61.26 | 58.35 | 57.18 | 56.68 | 56.47 | 56.38 |
| 5 000 | 76.58 | 72.94 | 71.47 | 70.85 | 70.59 | 70.48 |
| 6 000 | 91.89 | 87.53 | 85.76 | 85.02 | 84.71 | 84.57 |
| 7 000 | 107.21 | 102.11 | 100.06 | 99.20 | 98.83 | 98.67 |
| 8 000 | 122.52 | 116.70 | 114.35 | 113.37 | 112.95 | 112.76 |
| 9 000 | 137.84 | 131.29 | 128.65 | 127.54 | 127.06 | 126.86 |
| 10 000 | 153.15 | 145.88 | 142.94 | 141.71 | 141.18 | 140.96 |
| 15 000 | 229.73 | 218.81 | 214.41 | 212.56 | 211.77 | 211.43 |
| 20 000 | 306.30 | 291.75 | 285.88 | 283.42 | 282.36 | 281.91 |
| 25 000 | 382.88 | 364.69 | 357.35 | 354.27 | 352.96 | 352.39 |
| 30 000 | 459.45 | 437.63 | 428.82 | 425.12 | 423.55 | 422.87 |
| 35 000 | 536.03 | 510.56 | 500.29 | 495.98 | 494.14 | 493.35 |
| 40 000 | 612.60 | 583.50 | 571.76 | 566.83 | 564.73 | 563.82 |
| 45 000 | 689.18 | 656.44 | 643.23 | 637.69 | 635.32 | 634.30 |
| 50 000 | 765.75 | 729.38 | 714.70 | 708.54 | 705.91 | 704.78 |
| 60 000 | 918.90 | 875.25 | 857.64 | 850.25 | 847.09 | 845.74 |
| 70 000 | 1,072.05 | 1,021.13 | 1,000.58 | 991.96 | 988.27 | 986.69 |
| 80 000 | 1,225.20 | 1,167.00 | 1,143.52 | 1,133.67 | 1,129.46 | 1,127.65 |
| 90 000 | 1,378.36 | 1,312.88 | 1,286.46 | 1,275.37 | 1,270.64 | 1,268.60 |
| 100 000 | 1,531.51 | 1,458.75 | 1,429.40 | 1,417.08 | 1,411.82 | 1,409.56 |

**PAIEMENTS MENSUELS**

## durée du prêt (en années)

| MONTANT | 1 | 2 | 3 | 4 | 5 | 10 |
|---|---|---|---|---|---|---|
| 500 | 45.69 | 24.81 | 17.92 | 14.52 | 12.52 | 8.80 |
| 1 000 | 91.38 | 49.62 | 35.83 | 29.04 | 25.05 | 17.61 |
| 2 000 | 182.75 | 99.23 | 71.66 | 58.08 | 50.09 | 35.22 |
| 3 000 | 274.13 | 148.85 | 107.50 | 87.12 | 75.14 | 52.83 |
| 4 000 | 365.50 | 198.46 | 143.44 | 116.17 | 100.19 | 70.43 |
| 5 000 | 456.88 | 248.08 | 179.16 | 145.21 | 125.23 | 88.04 |
| 6 000 | 548.25 | 297.69 | 214.99 | 174.25 | 150.28 | 105.65 |
| 7 000 | 639.63 | 347.31 | 250.82 | 203.29 | 175.33 | 123.26 |
| 8 000 | 731.01 | 396.92 | 286.66 | 232.33 | 200.37 | 140.87 |
| 9 000 | 822.38 | 446.54 | 322.49 | 261.37 | 225.42 | 158.48 |
| 10 000 | 913.76 | 496.15 | 358.32 | 290.42 | 250.47 | 176.08 |
| 15 000 | 1,370.63 | 744.23 | 537.48 | 435.62 | 375.70 | 264.13 |
| 20 000 | 1,827.51 | 992.31 | 716.64 | 580.83 | 500.93 | 352.17 |
| 25 000 | 2,284.39 | 1,240.38 | 895.80 | 726.04 | 626.16 | 440.21 |
| 30 000 | 2,741.27 | 1,488.46 | 1,074.96 | 871.25 | 751.40 | 528.25 |
| 35 000 | 3,198.15 | 1,736.54 | 1,254.12 | 1,016.46 | 876.63 | 616.30 |
| 40 000 | 3,655.03 | 1,984.61 | 1,433.28 | 1,161.66 | 1,001.86 | 704.34 |
| 45 000 | 4,111.90 | 2,232.69 | 1,612.44 | 1,306.87 | 1,127.09 | 792.38 |
| 50 000 | 4,568.78 | 2,480.77 | 1,791.61 | 1,452.08 | 1,252.33 | 880.42 |
| 60 000 | 5,482.54 | 2,976.92 | 2,149.93 | 1,742.50 | 1,502.79 | 1,056.51 |
| 70 000 | 6,396.29 | 3,473.08 | 2,508.25 | 2,032.91 | 1,753.26 | 1,232.59 |
| 80 000 | 7,310.05 | 3,969.23 | 2,866.57 | 2,323.33 | 2,003.72 | 1,408.68 |
| 90 000 | 8,223.81 | 4,465.38 | 3,224.89 | 2,613.74 | 2,254.19 | 1,584.76 |
| 100 000 | 9,137.56 | 4,961.54 | 3,583.21 | 2,904.16 | 2,504.65 | 1,760.85 |

### durée du prêt (en années)

| MONTANT | 15 | 20 | 25 | 30 | 35 | 40 |
|---|---|---|---|---|---|---|
| 500 | 7.82 | 7.47 | 7.33 | 7.27 | 7.25 | 7.24 |
| 1 000 | 15.65 | 14.94 | 14.66 | 14.55 | 14.50 | 14.48 |
| 2 000 | 31.29 | 29.88 | 29.33 | 29.10 | 29.00 | 28.96 |
| 3 000 | 46.94 | 44.83 | 43.99 | 43.65 | 43.50 | 43.44 |
| 4 000 | 62.58 | 59.77 | 58.66 | 58.20 | 58.01 | 57.93 |
| 5 000 | 78.23 | 74.71 | 73.32 | 72.75 | 72.51 | 72.41 |
| 6 000 | 93.88 | 89.65 | 87.98 | 87.30 | 97.01 | 86.89 |
| 7 000 | 109.52 | 104.60 | 102.65 | 101.84 | 101.51 | 101.37 |
| 8 000 | 125.17 | 119.54 | 117.31 | 116.39 | 116.01 | 115.85 |
| 9 000 | 140.81 | 134.48 | 131.97 | 130.94 | 130.51 | 130.33 |
| 10 000 | 156.46 | 149.42 | 146.64 | 145.49 | 145.01 | 144.81 |
| 15 000 | 234.69 | 224.13 | 219.96 | 218.24 | 217.52 | 217.22 |
| 20 000 | 312.92 | 298.85 | 293.28 | 290.98 | 290.03 | 289.63 |
| 25 000 | 391.15 | 373.56 | 366.59 | 363.73 | 362.53 | 362.03 |
| 30 000 | 469.38 | 448.27 | 439.91 | 436.48 | 435.04 | 434.44 |
| 35 000 | 547.60 | 522.98 | 513.23 | 509.22 | 507.55 | 506.84 |
| 40 000 | 625.83 | 597.69 | 586.55 | 581.97 | 580.06 | 579.25 |
| 45 000 | 704.06 | 672.40 | 659.87 | 654.72 | 652.56 | 651.66 |
| 50 000 | 782.29 | 747.12 | 733.19 | 727.46 | 725.07 | 724.06 |
| 60 000 | 938.75 | 896.54 | 879.95 | 872.95 | 870.08 | 868.88 |
| 70 000 | 1,095.21 | 1,045.96 | 1,026.47 | 1,018.45 | 1,015.10 | 1,013.69 |
| 80 000 | 1,251.67 | 1,195.39 | 1,173.10 | 1,163.94 | 1,160.11 | 1,158.50 |
| 90 000 | 1,408.13 | 1,344.81 | 1,319.74 | 1,309.43 | 1,305.13 | 1,303.31 |
| 100 000 | 1,564.58 | 1,494.23 | 1,466.38 | 1,454.92 | 1,450.14 | 1,448.13 |

## durée du prêt (en années)

| MONTANT | 1 | 2 | 3 | 4 | 5 | 10 |
|---|---|---|---|---|---|---|
| 500 | 45.80 | 24.92 | 18.03 | 14.64 | 12.64 | 8.95 |
| 1 000 | 91.60 | 49.84 | 36.06 | 29.28 | 25.30 | 17.91 |
| 2 000 | 183.19 | 99.68 | 72.13 | 58.57 | 50.60 | 35.81 |
| 3 000 | 274.79 | 149.52 | 108.19 | 87.85 | 75.89 | 53.72 |
| 4 000 | 366.39 | 199.36 | 144.26 | 117.13 | 101.19 | 71.62 |
| 5 000 | 457.98 | 249.20 | 180.32 | 146.42 | 126.49 | 89.53 |
| 6 000 | 549.58 | 299.04 | 216.39 | 175.70 | 151.79 | 107.44 |
| 7 000 | 641.18 | 348.88 | 252.45 | 204.98 | 177.09 | 125.34 |
| 8 000 | 732.77 | 398.72 | 288.52 | 234.27 | 202.39 | 143.25 |
| 9 000 | 824.37 | 448.56 | 324.58 | 263.55 | 227.68 | 161.15 |
| 10 000 | 915.97 | 498.39 | 360.65 | 292.84 | 252.98 | 179.06 |
| 15 000 | 1,373.95 | 747.59 | 540.97 | 439.25 | 379.47 | 268.59 |
| 20 000 | 1,831.93 | 996.79 | 721.29 | 585.67 | 505.96 | 358.12 |
| 25 000 | 2,289.92 | 1,245.99 | 901.61 | 732.09 | 632.46 | 447.65 |
| 30 000 | 2,747.90 | 1,495.18 | 1,081.94 | 878.51 | 758.95 | 537.18 |
| 35 000 | 3,205.88 | 1,744.38 | 1,262.26 | 1,024.92 | 885.44 | 626.71 |
| 40 000 | 3,663.87 | 1,993.58 | 1,442.58 | 1,171.34 | 1,011.93 | 716.24 |
| 45 000 | 4,121.85 | 2,242.78 | 1,622.91 | 1,317.76 | 1,138.42 | 805.77 |
| 50 000 | 4,579.83 | 2,491.97 | 1,803.23 | 1,464.18 | 1,264.91 | 895.29 |
| 60 000 | 5,495.80 | 2,990.37 | 2,163.87 | 1,757.01 | 1,517.89 | 1,074.35 |
| 70 000 | 6,411.76 | 3,488.76 | 2,524.52 | 2,049.85 | 1,770.88 | 1,253.41 |
| 80 000 | 7,327.73 | 3,987.16 | 2,885.17 | 2,342.68 | 2,023.86 | 1,432.47 |
| 90 000 | 8,243.70 | 4,485.55 | 3,245.81 | 2,635.52 | 2,276.84 | 1,611.53 |
| 100 000 | 9,159.66 | 4,983.95 | 3,606.46 | 2,928.35 | 2,529.82 | 1,790.59 |

### durée du prêt (en années)

| MONTANT | 15 | 20 | 25 | 30 | 35 | 40 |
|---|---|---|---|---|---|---|
| 500 | 7.99 | 7.65 | 7.52 | 7.46 | 7.44 | 7.43 |
| 1 000 | 15.98 | 15.30 | 15.03 | 14.93 | 14.88 | 14.87 |
| 2 000 | 31.96 | 30.60 | 30.07 | 29.86 | 29.77 | 29.73 |
| 3 000 | 47.93 | 45.90 | 45.10 | 44.78 | 44.65 | 44.60 |
| 4 000 | 63.91 | 61.19 | 60.14 | 59.71 | 59.54 | 59.47 |
| 5 000 | 79.89 | 76.49 | 75.17 | 74.64 | 74.42 | 74.33 |
| 6 000 | 95.87 | 91.79 | 90.21 | 89.57 | 89.31 | 89.20 |
| 7 000 | 111.85 | 107.09 | 105.24 | 104.50 | 104.19 | 104.07 |
| 8 000 | 127.83 | 122.39 | 120.28 | 119.42 | 119.08 | 118.93 |
| 9 000 | 143.80 | 137.69 | 135.31 | 134.35 | 133.96 | 133.80 |
| 10 000 | 159.78 | 152.98 | 150.34 | 149.28 | 148.84 | 148.67 |
| 15 000 | 239.67 | 229.48 | 225.51 | 223.92 | 223.27 | 223.00 |
| 20 000 | 319.57 | 305.97 | 300.69 | 298.56 | 297.69 | 297.33 |
| 25 000 | 399.46 | 382.46 | 375.86 | 373.20 | 372.11 | 371.66 |
| 30 000 | 479.35 | 458.95 | 451.03 | 447.84 | 446.53 | 446.00 |
| 35 000 | 559.24 | 535.45 | 526.20 | 522.48 | 520.96 | 520.33 |
| 40 000 | 639.13 | 611.94 | 601.37 | 597.12 | 595.38 | 594.66 |
| 45 000 | 719.02 | 688.43 | 676.54 | 671.76 | 669.80 | 669.00 |
| 50 000 | 798.92 | 764.92 | 751.72 | 746.40 | 744.22 | 743.33 |
| 60 000 | 958.70 | 917.91 | 902.06 | 895.68 | 893.07 | 891.99 |
| 70 000 | 1,118.48 | 1,070.89 | 1,052.40 | 1,044.95 | 1,041.91 | 1,040.66 |
| 80 000 | 1,278.27 | 1,223.87 | 1,202.75 | 1,194.23 | 1,190.76 | 1,189.32 |
| 90 000 | 1,438.05 | 1,376.86 | 1,353.09 | 1,343.51 | 1,339.60 | 1,337.99 |
| 100 000 | 1,597.83 | 1,529.84 | 1,503.43 | 1,492.79 | 1,488.44 | 1,486.66 |

## durée du prêt (en années)

| MONTANT | 1 | 2 | 3 | 4 | 5 | 10 |
|---|---|---|---|---|---|---|
| 500 | 45.91 | 25.03 | 18.15 | 14.76 | 12.78 | 9.10 |
| 1 000 | 91.82 | 50.06 | 36.30 | 29.53 | 25.55 | 18.20 |
| 2 000 | 183.64 | 100.13 | 72.59 | 59.05 | 51.10 | 36.41 |
| 3 000 | 275.45 | 150.19 | 108.89 | 88.58 | 76.65 | 54.61 |
| 4 000 | 367.27 | 200.26 | 145.19 | 118.10 | 102.20 | 72.82 |
| 5 000 | 459.09 | 250.32 | 181.49 | 147.63 | 127.75 | 91.02 |
| 6 000 | 550.91 | 300.38 | 217.78 | 177.16 | 153.30 | 109.23 |
| 7 000 | 642.72 | 350.45 | 254.08 | 206.68 | 178.86 | 127.43 |
| 8 000 | 734.54 | 400.51 | 290.38 | 236.21 | 204.41 | 145.64 |
| 9 000 | 826.36 | 450.57 | 326.68 | 265.74 | 229.96 | 163.84 |
| 10 000 | 918.18 | 500.64 | 362.97 | 295.26 | 255.51 | 182.05 |
| 15 000 | 1,377.26 | 750.96 | 544.46 | 442.89 | 383.26 | 273.07 |
| 20 000 | 1,836.35 | 1,001.28 | 725.95 | 590.52 | 511.02 | 364.10 |
| 25 000 | 2,295.44 | 1,251.59 | 907.44 | 738.15 | 638.77 | 455.12 |
| 30 000 | 2,754.53 | 1,501.91 | 1,088.92 | 885.78 | 766.52 | 546.15 |
| 35 000 | 3,213.61 | 1,752.23 | 1,270.41 | 1,033.42 | 894.28 | 637.17 |
| 40 000 | 3,672.70 | 2,002.55 | 1,451.90 | 1,181.05 | 1,022.03 | 728.20 |
| 45 000 | 4,131.79 | 2,252.87 | 1,633.39 | 1,328.68 | 1,149.79 | 819.22 |
| 50 000 | 4,590.88 | 2,503.19 | 1,814.87 | 1,476.31 | 1,277.54 | 910.24 |
| 60 000 | 5,509.05 | 3,003.83 | 2,177.85 | 1,771.57 | 1,533.05 | 1,092.29 |
| 70 000 | 6,427.23 | 3,504.46 | 2,540.82 | 2,066.83 | 1,788.56 | 1,274.34 |
| 80 000 | 7,345.40 | 4,005.10 | 2,903.80 | 2,362.09 | 2,044.07 | 1,456.39 |
| 90 000 | 8,263.58 | 4,505.74 | 3,266.77 | 2,657.35 | 2,299.57 | 1,638.44 |
| 100 000 | 9,181.75 | 5,006.38 | 3,629.75 | 2,952.61 | 2,555.08 | 1,820.48 |

## durée du prêt (en années)

| MONTANT | 15 | 20 | 25 | 30 | 35 | 40 |
|---|---|---|---|---|---|---|
| 500 | 8.16 | 7.83 | 7.70 | 7.65 | 7.63 | 7.63 |
| 1 000 | 16.31 | 15.66 | 15.41 | 15.31 | 15.27 | 15.25 |
| 2 000 | 36.62 | 31.31 | 30.81 | 30.61 | 30.53 | 30.50 |
| 3 000 | 48.94 | 46.97 | 46.22 | 45.92 | 45.80 | 45.75 |
| 4 000 | 65.25 | 62.62 | 61.62 | 61.23 | 61.07 | 61.01 |
| 5 000 | 81.56 | 78.28 | 77.03 | 76.53 | 76.34 | 76.26 |
| 6 000 | 97.87 | 93.93 | 92.43 | 91.84 | 91.60 | 91.51 |
| 7 000 | 114.19 | 109.59 | 107.84 | 107.15 | 106.87 | 106.76 |
| 8 000 | 130.50 | 125.25 | 123.24 | 122.45 | 122.14 | 122.01 |
| 9 000 | 146.81 | 140.90 | 138.65 | 137.76 | 137.41 | 137.26 |
| 10 000 | 163.12 | 156.56 | 154.06 | 153.07 | 152.67 | 152.51 |
| 15 000 | 244.69 | 234.84 | 231.08 | 229.60 | 229.01 | 228.77 |
| 20 000 | 326.25 | 313.16 | 308.11 | 306.14 | 305.35 | 305.03 |
| 25 000 | 407.81 | 391.39 | 385.14 | 382.67 | 381.68 | 381.29 |
| 30 000 | 489.37 | 469.67 | 462.17 | 459.20 | 458.02 | 457.54 |
| 35 000 | 570.94 | 547.95 | 539.19 | 535.74 | 534.36 | 533.80 |
| 40 000 | 652.50 | 626.23 | 616.22 | 612.27 | 610.69 | 610.06 |
| 45 000 | 734.06 | 704.51 | 693.25 | 688.80 | 687.03 | 686.31 |
| 50 000 | 815.62 | 782.79 | 770.28 | 765.34 | 763.36 | 762.57 |
| 60 000 | 978.75 | 939.35 | 924.33 | 918.41 | 916.04 | 915.09 |
| 70 000 | 1,141.87 | 1,095.90 | 1,078.39 | 1,071.47 | 1,068.71 | 1,067.60 |
| 80 000 | 1,305.00 | 1,252.46 | 1,232.44 | 1,224.54 | 1,221.38 | 1,220.11 |
| 90 000 | 1,468.12 | 1,409.02 | 1,386.50 | 1,377.61 | 1,374.06 | 1,372.63 |
| 100 000 | 1,631.25 | 1,565.58 | 1,540.55 | 1,530.68 | 1,526.73 | 1,525.14 |

## durée du prêt (en années)

| MONTANT | 1 | 2 | 3 | 4 | 5 | 10 |
|---|---|---|---|---|---|---|
| 500 | 46.02 | 25.14 | 18.27 | 14.88 | 12.90 | 9.25 |
| 1 000 | 92.04 | 50.29 | 36.53 | 29.77 | 25.80 | 18.51 |
| 2 000 | 184.08 | 100.58 | 73.06 | 59.54 | 51.61 | 37.01 |
| 3 000 | 276.11 | 150.86 | 109.59 | 89.31 | 77.41 | 55.52 |
| 4 000 | 368.15 | 201.15 | 146.12 | 119.08 | 103.22 | 74.02 |
| 5 000 | 460.19 | 251.44 | 182.65 | 148.85 | 129.02 | 92.53 |
| 6 000 | 552.23 | 301.73 | 219.18 | 178.62 | 154.83 | 111.03 |
| 7 000 | 644.27 | 352.02 | 255.72 | 208.39 | 180.63 | 129.54 |
| 8 000 | 736.31 | 402.31 | 292.25 | 238.16 | 206.43 | 148.04 |
| 9 000 | 828.34 | 452.59 | 328.78 | 267.92 | 232.24 | 166.55 |
| 10 000 | 920.38 | 502.88 | 365.31 | 297.69 | 258.04 | 185.05 |
| 15 000 | 1,380.57 | 754.32 | 547.96 | 446.54 | 387.06 | 277.58 |
| 20 000 | 1,840.77 | 1,005.76 | 730.61 | 595.39 | 516.09 | 370.11 |
| 25 000 | 2,300.96 | 1,257.20 | 913.27 | 744.23 | 645.11 | 462.64 |
| 30 000 | 2,761.15 | 1,508.65 | 1,095.92 | 893.08 | 774.13 | 555.16 |
| 35 000 | 3,221.34 | 1,760.09 | 1,278.58 | 1,041.93 | 903.15 | 647.69 |
| 40 000 | 3,681.53 | 2,011.53 | 1,461.23 | 1,190.78 | 1,032.17 | 740.22 |
| 45 000 | 4,141.72 | 2,262.97 | 1,643.88 | 1,339.62 | 1,161.19 | 832.74 |
| 50 000 | 4,601.91 | 2,514.41 | 1,826.54 | 1,488.47 | 1,290.21 | 925.27 |
| 60 000 | 5,522.30 | 3,017.29 | 2,191.84 | 1,786.16 | 1,548.26 | 1,110.33 |
| 70 000 | 6,442.68 | 3,520.17 | 2,557.15 | 2,083.86 | 1,806.30 | 1,295.38 |
| 80 000 | 7,363.06 | 4,023.06 | 2,922.46 | 2,381.55 | 2,064.34 | 1,480.43 |
| 90 000 | 8,283.44 | 4,525.94 | 3,287.77 | 2,679.25 | 2,322.38 | 1,665.49 |
| 100 000 | 9,203.83 | 5,028.82 | 3,653.07 | 2,976.94 | 2,580.43 | 1,850.54 |

## durée du prêt (en années)

| MONTANT | 15 | 20 | 25 | 30 | 35 | 40 |
|---|---|---|---|---|---|---|
| 500 | 8.32 | 8.01 | 7.89 | 7.84 | 7.82 | 7.82 |
| 1 000 | 16.65 | 16.01 | 15.78 | 15.69 | 15.65 | 15.64 |
| 2 000 | 33.30 | 32.03 | 31.55 | 31.37 | 31.30 | 31.27 |
| 3 000 | 49.94 | 48.04 | 47.33 | 47.06 | 46.95 | 46.91 |
| 4 000 | 66.59 | 64.06 | 63.11 | 62.74 | 62.60 | 62.55 |
| 5 000 | 83.24 | 80.07 | 78.89 | 78.43 | 78.25 | 78.18 |
| 6 000 | 99.89 | 96.09 | 94.66 | 94.11 | 93.90 | 93.81 |
| 7 000 | 116.54 | 112.10 | 110.44 | 109.80 | 109.55 | 109.45 |
| 8 000 | 133.19 | 128.11 | 126.22 | 125.49 | 125.20 | 125.09 |
| 9 000 | 149.83 | 144.13 | 142.00 | 141.17 | 140.85 | 140.72 |
| 10 000 | 166.48 | 160.14 | 157.77 | 156.86 | 156.50 | 156.36 |
| 15 000 | 249.72 | 240.21 | 236.66 | 235.29 | 234.75 | 234.54 |
| 20 000 | 332.96 | 320.28 | 315.54 | 313.71 | 313.00 | 312.72 |
| 25 000 | 416.20 | 400.35 | 394.43 | 392.14 | 391.25 | 390.90 |
| 30 000 | 499.44 | 480.43 | 473.32 | 470.57 | 469.50 | 469.07 |
| 35 000 | 582.68 | 560.50 | 552.20 | 549.00 | 547.75 | 547.25 |
| 40 000 | 665.93 | 640.57 | 631.09 | 627.43 | 626.00 | 625.43 |
| 45 000 | 749.17 | 720.64 | 709.98 | 705.86 | 704.24 | 703.61 |
| 50 000 | 832.41 | 800.71 | 788.86 | 784.29 | 782.49 | 781.79 |
| 60 000 | 998.89 | 960.85 | 946.63 | 941.14 | 938.99 | 938.15 |
| 70 000 | 1,165.37 | 1,120.99 | 1,104.41 | 1,098.00 | 1,095.49 | 1,094.51 |
| 80 000 | 1,331.85 | 1,281.14 | 1,262.18 | 1,254.86 | 1,251.99 | 1,250.86 |
| 90 000 | 1,498.33 | 1,441.28 | 1,419.95 | 1,411.71 | 1,408.49 | 1,407.22 |
| 100 000 | 1,664.81 | 1,601.42 | 1,577.72 | 1,568.57 | 1,564.99 | 1,563.58 |

# 20 % PAIEMENTS MENSUELS

## durée du prêt (en années)

| MONTANT | 1 | 2 | 3 | 4 | 5 | 10 |
|---|---|---|---|---|---|---|
| 500 | 46.13 | 25.26 | 18.38 | 15.01 | 13.03 | 9.40 |
| 1 000 | 92.26 | 50.51 | 36.76 | 30.01 | 26.06 | 18.81 |
| 2 000 | 184.52 | 101.03 | 73.53 | 60.03 | 52.12 | 37.61 |
| 3 000 | 276.78 | 151.54 | 110.29 | 90.04 | 78.18 | 56.42 |
| 4 000 | 369.04 | 202.05 | 147.06 | 120.05 | 104.23 | 75.23 |
| 5 000 | 461.29 | 252.56 | 183.82 | 150.07 | 130.29 | 94.04 |
| 6 000 | 553.55 | 303.08 | 220.59 | 180.08 | 156.35 | 112.84 |
| 7 000 | 645.81 | 353.59 | 257.35 | 210.09 | 182.41 | 131.65 |
| 8 000 | 738.07 | 404.10 | 294.12 | 240.11 | 208.47 | 150.46 |
| 9 000 | 830.33 | 454.61 | 330.88 | 270.12 | 234.53 | 169.27 |
| 10 000 | 922.59 | 505.13 | 367.64 | 300.13 | 260.59 | 188.07 |
| 15 000 | 1,383.88 | 757.69 | 551.47 | 450.20 | 390.88 | 282.11 |
| 20 000 | 1,845.18 | 1,010.26 | 735.29 | 600.27 | 521.17 | 376.15 |
| 25 000 | 2,306.47 | 1,262.82 | 919.11 | 750.33 | 651.46 | 470.19 |
| 30 000 | 2,767.77 | 1,515.38 | 1,102.93 | 900.40 | 781.76 | 564.22 |
| 35 000 | 3,229.06 | 1,767.95 | 1,286.76 | 1,050.47 | 912.05 | 658.26 |
| 40 000 | 3,690.35 | 2,020.51 | 1,470.58 | 1,200.53 | 1,042.34 | 752.30 |
| 45 000 | 4,151.65 | 2,273.07 | 1,654.40 | 1,350.60 | 1,172.64 | 846.34 |
| 50 000 | 4,612.94 | 2,525.64 | 1,838.22 | 1,500.66 | 1,302.93 | 940.37 |
| 60 000 | 5,535.53 | 3,030.77 | 2,205.87 | 1,800.80 | 1,563.51 | 1,128.45 |
| 70 000 | 6,458.12 | 3,535.89 | 2,573.51 | 2,100.93 | 1,824.10 | 1,316.52 |
| 80 000 | 7,380.71 | 4,041.02 | 2,941.15 | 2,401.06 | 2,084.67 | 1,504.60 |
| 90 000 | 8,303.30 | 4,546.15 | 3,308.80 | 2,701.20 | 2,345.27 | 1,692.67 |
| 100 000 | 9,225.89 | 5,051.28 | 3,676.44 | 3,001.33 | 2,605.86 | 1,880.75 |

## durée du prêt (en années)

| MONTANT | 15 | 20 | 25 | 30 | 35 | 40 |
|---|---|---|---|---|---|---|
| 500 | 8.49 | 8.19 | 8.07 | 8.03 | 8.02 | 8.01 |
| 1 000 | 16.99 | 16.37 | 16.15 | 16.06 | 16.03 | 16.02 |
| 2 000 | 33.97 | 32.75 | 32.30 | 32.13 | 32.06 | 32.04 |
| 3 000 | 50.96 | 49.12 | 48.45 | 48.19 | 48.10 | 48.06 |
| 4 000 | 67.94 | 65.49 | 64.60 | 64.26 | 64.13 | 64.08 |
| 5 000 | 84.93 | 81.87 | 80.75 | 80.32 | 80.16 | 80.10 |
| 6 000 | 101.91 | 98.24 | 96.90 | 96.39 | 96.19 | 96.12 |
| 7 000 | 118.90 | 114.62 | 113.05 | 112.45 | 112.23 | 112.14 |
| 8 000 | 135.88 | 130.99 | 129.20 | 128.52 | 128.26 | 128.16 |
| 9 000 | 152.87 | 147.36 | 145.34 | 144.58 | 144.29 | 144.18 |
| 10 000 | 169.85 | 163.74 | 161.49 | 160.65 | 160.32 | 160.20 |
| 15 000 | 254.78 | 245.60 | 242.24 | 240.97 | 240.48 | 240.30 |
| 20 000 | 339.71 | 327.47 | 322.99 | 321.29 | 320.64 | 320.39 |
| 25 000 | 424.63 | 409.34 | 403.74 | 401.62 | 400.80 | 400.49 |
| 30 000 | 509.56 | 491.21 | 484.48 | 481.94 | 480.97 | 480.59 |
| 35 000 | 594.48 | 573.08 | 565.23 | 562.26 | 561.13 | 560.69 |
| 40 000 | 679.41 | 654.95 | 645.98 | 642.59 | 641.29 | 640.79 |
| 45 000 | 764.34 | 736.81 | 726.72 | 722.91 | 721.45 | 720.89 |
| 50 000 | 849.26 | 818.68 | 807.47 | 803.23 | 801.61 | 800.98 |
| 60 000 | 1,019.12 | 982.42 | 968.97 | 963.88 | 961.93 | 961.18 |
| 70 000 | 1,188.97 | 1,146.15 | 1,130.46 | 1,124.52 | 1,122.25 | 1,121.38 |
| 80 000 | 1,358.82 | 1,309.89 | 1,291.96 | 1,285.17 | 1,282.57 | 1,281.58 |
| 90 000 | 1,528.67 | 1,473.63 | 1,453.45 | 1,445.82 | 1,442.90 | 1,441.77 |
| 100 000 | 1,698.53 | 1,637.36 | 1,614.94 | 1,606.46 | 1,603.22 | 1,601.97 |

## durée du prêt (en années)

| MONTANT | 1 | 2 | 3 | 4 | 5 | 10 |
|---|---|---|---|---|---|---|
| 500 | 46.35 | 25.48 | 18.62 | 15.25 | 13.28 | 9.71 |
| 1 000 | 92.70 | 50.96 | 37.23 | 30.50 | 26.57 | 19.42 |
| 2 000 | 185.40 | 101.92 | 74.47 | 61.01 | 53.14 | 38.83 |
| 3 000 | 278.10 | 152.89 | 111.70 | 91.51 | 79.71 | 58.25 |
| 4 000 | 370.80 | 203.85 | 148.93 | 122.01 | 106.28 | 77.66 |
| 5 000 | 463.50 | 254.81 | 186.17 | 152.51 | 132.85 | 97.08 |
| 6 000 | 556.20 | 305.77 | 223.40 | 183.02 | 159.42 | 116.50 |
| 7 000 | 648.90 | 356.74 | 260.63 | 213.52 | 185.99 | 135.91 |
| 8 000 | 741.60 | 407.70 | 297.86 | 244.02 | 212.56 | 155.33 |
| 9 000 | 834.30 | 458.66 | 335.10 | 274.53 | 239.13 | 174.74 |
| 10 000 | 927.00 | 509.62 | 372.33 | 305.03 | 265.70 | 194.16 |
| 15 000 | 1,390.50 | 764.44 | 558.49 | 457.54 | 398.55 | 291.24 |
| 20 000 | 1,853.99 | 1,019.25 | 744.66 | 610.06 | 531.39 | 388.32 |
| 25 000 | 2,317.49 | 1,274.06 | 930.82 | 762.50 | 664.24 | 485.40 |
| 30 000 | 2,780.99 | 1,528.87 | 1,116.99 | 915.09 | 797.09 | 582.48 |
| 35 000 | 3,244.49 | 1,783.68 | 1,303.15 | 1,067.60 | 929.94 | 679.56 |
| 40 000 | 3,707.99 | 2,038.49 | 1,489.32 | 1,220.12 | 1,062.79 | 776.64 |
| 45 000 | 4,171.49 | 2,293.31 | 1,675.48 | 1,372.63 | 1,195.64 | 873.72 |
| 50 000 | 4,634.98 | 2,548.12 | 1,861.65 | 1,525.15 | 1,328.48 | 970.80 |
| 60 000 | 5,561.98 | 3,057.74 | 2,233.98 | 1,830.18 | 1,594.18 | 1,164.96 |
| 70 000 | 6,488.98 | 3,567.36 | 2,606.31 | 2,135.21 | 1,859.88 | 1,359.11 |
| 80 000 | 7,415.97 | 4,076.99 | 2,978.64 | 2,440.24 | 2,125.58 | 1,553.27 |
| 90 000 | 8,342.97 | 4,586.61 | 3,350.97 | 2,745.27 | 2,391.27 | 1,747.43 |
| 100 000 | 9,269.97 | 5,096.23 | 3,723.30 | 3,050.29 | 2,656.97 | 1,941.59 |

## durée du prêt (en années)

| MONTANT | 15 | 20 | 25 | 30 | 35 | 40 |
|---|---|---|---|---|---|---|
| 500 | 8.83 | 8.55 | 8.45 | 8.41 | 8.40 | 8.39 |
| 1 000 | 17.66 | 17.10 | 16.89 | 16.82 | 16.80 | 16.79 |
| 2 000 | 35.33 | 34.19 | 33.79 | 33.64 | 33.59 | 33.57 |
| 3 000 | 52.99 | 51.29 | 50.68 | 50.47 | 50.39 | 50.36 |
| 4 000 | 70.65 | 68.38 | 67.58 | 67.29 | 67.18 | 67.14 |
| 5 000 | 88.32 | 85.48 | 84.47 | 84.11 | 83.98 | 83.93 |
| 6 000 | 105.98 | 102.57 | 101.37 | 100.93 | 100.77 | 100.71 |
| 7 000 | 123.65 | 119.67 | 118.26 | 117.76 | 117.57 | 117.50 |
| 8 000 | 141.31 | 136.76 | 135.16 | 134.58 | 134.36 | 134.29 |
| 9 000 | 158.97 | 153.86 | 152.05 | 151.40 | 151.16 | 151.07 |
| 10 000 | 176.64 | 170.95 | 168.95 | 168.22 | 167.96 | 167.86 |
| 15 000 | 264.95 | 256.43 | 253.42 | 252.33 | 251.93 | 251.79 |
| 20 000 | 353.27 | 341.90 | 337.90 | 336.44 | 335.91 | 335.72 |
| 25 000 | 441.59 | 427.38 | 422.37 | 420.56 | 419.89 | 419.65 |
| 30 000 | 529.91 | 512.86 | 506.85 | 504.67 | 503.87 | 503.57 |
| 35 000 | 618.23 | 598.33 | 591.32 | 588.78 | 587.85 | 587.50 |
| 40 000 | 706.66 | 683.81 | 675.79 | 672.89 | 671.82 | 671.43 |
| 45 000 | 794.86 | 769.28 | 760.27 | 757.00 | 755.80 | 755.36 |
| 50 000 | 883.18 | 854.76 | 844.74 | 841.11 | 839.78 | 839.29 |
| 60 000 | 1,059.82 | 1,025.71 | 1,013.69 | 1,009.33 | 1,007.74 | 1,007.15 |
| 70 000 | 1,236.45 | 1,196.66 | 1,182.64 | 1,177.55 | 1,175.69 | 1,175.01 |
| 80 000 | 1,413.45 | 1,367.61 | 1,351.59 | 1,345.78 | 1,343.65 | 1,342.87 |
| 90 000 | 1,589.73 | 1,538.57 | 1,520.54 | 1,514.00 | 1,511.60 | 1,510.72 |
| 100 000 | 1,766.36 | 1,709.52 | 1,689.48 | 1,682.22 | 1,679.56 | 1,678.58 |

### durée du prêt (en années)

| MONTANT | 1 | 2 | 3 | 4 | 5 | 10 |
|---|---|---|---|---|---|---|
| 500 | 46.57 | 25.71 | 18.85 | 15.50 | 13.54 | 10.01 |
| 1 000 | 93.14 | 51.41 | 37.70 | 31.00 | 27.08 | 20.03 |
| 2 000 | 186.28 | 102.82 | 75.41 | 61.99 | 54.17 | 40.06 |
| 3 000 | 279.42 | 154.24 | 113.11 | 92.99 | 81.25 | 60.09 |
| 4 000 | 372.56 | 205.65 | 150.81 | 123.98 | 108.34 | 80.12 |
| 5 000 | 465.70 | 257.06 | 188.52 | 154.98 | 135.42 | 100.15 |
| 6 000 | 558.84 | 308.47 | 226.22 | 185.97 | 162.50 | 120.18 |
| 7 000 | 651.98 | 359.89 | 263.92 | 216.97 | 189.59 | 140.21 |
| 8 000 | 745.12 | 411.30 | 301.62 | 247.96 | 216.67 | 160.24 |
| 9 000 | 838.26 | 462.71 | 339.33 | 278.96 | 243.76 | 180.27 |
| 10 000 | 931.40 | 514.12 | 377.03 | 309.95 | 270.84 | 200.30 |
| 15 000 | 1,397.10 | 771.19 | 565.55 | 464.93 | 406.26 | 300.45 |
| 20 000 | 1,862.80 | 1,028.25 | 754.06 | 619.90 | 541.68 | 400.60 |
| 25 000 | 2,328.50 | 1,285.31 | 942.58 | 774.88 | 677.10 | 500.75 |
| 30 000 | 2,794.20 | 1,542.37 | 1,131.09 | 929.85 | 812.52 | 600.90 |
| 35 000 | 3,259.90 | 1,799.44 | 1,319.61 | 1,084.83 | 947.94 | 701.05 |
| 40 000 | 3,725.60 | 2,056.50 | 1,508.12 | 1,239.80 | 1,083.36 | 801.19 |
| 45 000 | 4,191.30 | 2,313.56 | 1,696.64 | 1,394.78 | 1,218.78 | 901.34 |
| 50 000 | 4,657.00 | 2,570.62 | 1,885.15 | 1,549.75 | 1,354.20 | 1,001.49 |
| 60 000 | 5,588.40 | 3,084.75 | 2,262.19 | 1,859.70 | 1,625.04 | 1,201.79 |
| 70 000 | 6,519.80 | 3,598.87 | 2,639.22 | 2,169.65 | 1,895.88 | 1,402.09 |
| 80 000 | 7,451.20 | 4,113.00 | 3,016.25 | 2,479.60 | 2,166.73 | 1,602.39 |
| 90 000 | 8,382.60 | 4,627.12 | 3,393.28 | 2,789.56 | 2,437.57 | 1,802.69 |
| 100 000 | 9,314.00 | 5,141.25 | 3,770.31 | 3,099.51 | 2,708.41 | 2,002.99 |

|  |  | durée du prêt (en années) |  |  |  |  |
|---|---|---|---|---|---|---|
| **MONTANT** | **15** | **20** | **25** | **30** | **35** | **40** |
| 500 | 9.17 | 8.91 | 8.82 | 8.79 | 8.78 | 8.77 |
| 1 000 | 18.35 | 17.82 | 17.64 | 17.58 | 17.56 | 17.55 |
| 2 000 | 36.69 | 35.64 | 35.28 | 35.16 | 35.11 | 35.10 |
| 3 000 | 55.04 | 53.46 | 52.92 | 52.74 | 52.67 | 52.65 |
| 4 000 | 73.39 | 71.28 | 70.56 | 70.32 | 70.23 | 70.20 |
| 5 000 | 91.73 | 89.10 | 88.21 | 87.90 | 87.79 | 87.75 |
| 6 000 | 110.08 | 106.92 | 105.85 | 105.47 | 105.34 | 105.30 |
| 7 000 | 128.43 | 124.74 | 123.49 | 123.05 | 122.90 | 122.85 |
| 8 000 | 146.78 | 142.56 | 141.13 | 140.63 | 140.46 | 140.40 |
| 9 000 | 165.12 | 160.38 | 158.77 | 158.21 | 158.02 | 157.95 |
| 10 000 | 183.47 | 178.20 | 176.41 | 175.79 | 175.57 | 175.50 |
| 15 000 | 275.20 | 267.29 | 264.62 | 263.69 | 263.36 | 263.24 |
| 20 000 | 366.94 | 356.39 | 352.82 | 351.58 | 351.15 | 350.99 |
| 25 000 | 458.67 | 445.49 | 441.03 | 439.48 | 438.93 | 438.74 |
| 30 000 | 550.41 | 534.59 | 529.23 | 527.37 | 526.72 | 526.49 |
| 35 000 | 642.14 | 623.69 | 617.44 | 615.27 | 614.50 | 614.24 |
| 40 000 | 733.88 | 712.79 | 705.64 | 703.16 | 702.29 | 701.99 |
| 45 000 | 825.61 | 801.88 | 793.85 | 791.06 | 790.08 | 789.73 |
| 50 000 | 917.35 | 890.98 | 882.05 | 878.95 | 877.86 | 877.48 |
| 60 000 | 1,100.82 | 1,069.18 | 1,058.46 | 1,054.74 | 1,053.44 | 1,052.98 |
| 70 000 | 1,284.28 | 1,247.37 | 1,234.87 | 1,230.53 | 1,229.01 | 1,228.47 |
| 80 000 | 1,467.75 | 1,425.57 | 1,411.29 | 1,406.32 | 1,404.58 | 1,403.97 |
| 90 000 | 1,651.22 | 1,603.77 | 1,587.70 | 1,582.11 | 1,580.16 | 1,579.47 |
| 100 000 | 1,834.69 | 1,781.96 | 1,764.11 | 1,757.90 | 1,755.73 | 1,754.96 |

### durée du prêt (en années)

| MONTANT | 1 | 2 | 3 | 4 | 5 | 10 |
|---|---|---|---|---|---|---|
| 500 | 46.79 | 25.93 | 19.09 | 15.74 | 13.80 | 10.32 |
| 1 000 | 93.58 | 51.86 | 38.17 | 31.49 | 27.60 | 20.65 |
| 2 000 | 187.16 | 103.73 | 76.35 | 62.98 | 55.20 | 41.30 |
| 3 000 | 280.74 | 155.59 | 114.52 | 94.47 | 82.80 | 61.95 |
| 4 000 | 374.32 | 207.45 | 152.70 | 125.96 | 110.41 | 82.60 |
| 5 000 | 467.90 | 259.32 | 190.87 | 157.45 | 138.01 | 103.24 |
| 6 000 | 561.48 | 311.18 | 229.05 | 188.94 | 165.61 | 123.89 |
| 7 000 | 655.06 | 363.04 | 267.22 | 220.43 | 193.21 | 144.54 |
| 8 000 | 748.64 | 414.91 | 305.40 | 251.92 | 220.81 | 165.19 |
| 9 000 | 842.22 | 466.77 | 343.57 | 283.41 | 248.41 | 185.84 |
| 10 000 | 935.80 | 518.63 | 381.75 | 314.90 | 276.02 | 206.49 |
| 15 000 | 1,403.70 | 777.95 | 572.62 | 472.34 | 414.02 | 309.73 |
| 20 000 | 1,871.59 | 1,037.26 | 763.49 | 629.79 | 552.03 | 412.98 |
| 25 000 | 2,339.49 | 1,296.58 | 954.37 | 787.24 | 690.04 | 516.22 |
| 30 000 | 2,807.39 | 1,555.89 | 1,145.24 | 944.69 | 828.05 | 619.47 |
| 35 000 | 3,275.29 | 1,815.21 | 1,336.11 | 1,102.13 | 966.06 | 722.71 |
| 40 000 | 3,743.19 | 2,074.53 | 1,526.99 | 1,259.58 | 1,104.06 | 825.96 |
| 45 000 | 4,211.09 | 2,333.84 | 1,717.86 | 1,417.03 | 1,242.07 | 929.20 |
| 50 000 | 4,678.99 | 2,593.16 | 1,908.74 | 1,574.48 | 1,380.08 | 1,032.45 |
| 60 000 | 5,614.78 | 3,111.79 | 2,290.48 | 1,889.37 | 1,656.10 | 1,238.94 |
| 70 000 | 6,550.58 | 3,630.42 | 2,672.23 | 2,204.27 | 1,932.11 | 1,445.43 |
| 80 000 | 7,486.38 | 4,149.05 | 3,053.98 | 2,519.16 | 2,208.13 | 1,651.92 |
| 90 000 | 8,422.18 | 4,667.68 | 3,435.72 | 2,834.06 | 2,484.15 | 1,858.41 |
| 100 000 | 9,357.97 | 5,186.31 | 3,817.47 | 3,148.96 | 2,760.16 | 2,064.90 |

## durée du prêt (en années)

| MONTANT | 15 | 20 | 25 | 30 | 35 | 40 |
|---|---|---|---|---|---|---|
| 500 | 9.52 | 9.27 | 9.19 | 9.17 | 9.16 | 9.16 |
| 1 000 | 19.03 | 18.55 | 18.39 | 18.33 | 18.32 | 18.31 |
| 2 000 | 38.07 | 37.09 | 36.78 | 36.67 | 36.63 | 36.62 |
| 3 000 | 57.10 | 55.64 | 55.16 | 55.00 | 54.95 | 54.93 |
| 4 000 | 76.14 | 74.19 | 73.55 | 73.34 | 73.27 | 73.24 |
| 5 000 | 95.17 | 92.73 | 91.94 | 91.67 | 91.58 | 91.55 |
| 6 000 | 114.21 | 111.28 | 110.33 | 110.01 | 109.90 | 109.87 |
| 7 000 | 133.24 | 129.82 | 128.71 | 128.34 | 128.22 | 128.18 |
| 8 000 | 152.28 | 148.37 | 147.10 | 146.68 | 146.54 | 146.49 |
| 9 000 | 171.31 | 166.92 | 165.49 | 165.01 | 164.85 | 164.80 |
| 10 000 | 190.35 | 185.46 | 183.88 | 183.35 | 183.17 | 183.11 |
| 15 000 | 285.52 | 278.20 | 275.81 | 275.02 | 274.75 | 274.66 |
| 20 000 | 380.69 | 370.93 | 367.75 | 366.69 | 366.34 | 366.22 |
| 25 000 | 475.86 | 463.66 | 459.69 | 458.37 | 457.92 | 457.77 |
| 30 000 | 571.04 | 556.39 | 551.63 | 550.04 | 549.51 | 549.33 |
| 35 000 | 666.21 | 649.12 | 643.56 | 641.71 | 641.09 | 640.88 |
| 40 000 | 761.38 | 741.85 | 735.50 | 733.39 | 732.68 | 732.44 |
| 45 000 | 856.56 | 834.59 | 827.44 | 825.06 | 824.26 | 823.99 |
| 50 000 | 951.73 | 927.32 | 919.38 | 916.73 | 915.85 | 915.55 |
| 60 000 | 1,142.07 | 1,112.78 | 1,103.25 | 1,100.08 | 1,099.02 | 1,098.66 |
| 70 000 | 1,332.42 | 1,298.24 | 1,287.13 | 1,283.43 | 1,282.19 | 1,281.77 |
| 80 000 | 1,522.77 | 1,483.71 | 1,471.00 | 1,466.78 | 1,465.36 | 1,464.88 |
| 90 000 | 1,713.11 | 1,669.17 | 1,654.88 | 1,650.12 | 1,648.53 | 1,647.99 |
| 100 000 | 1,903.46 | 1,854.64 | 1,838.75 | 1,833.47 | 1,831.00 | 1,831.10 |

## durée du prêt (en années)

| MONTANT | 1 | 2 | 3 | 4 | 5 | 10 |
|---|---|---|---|---|---|---|
| 500 | 47.01 | 26.16 | 19.32 | 15.99 | 14.06 | 10.64 |
| 1 000 | 94.02 | 52.31 | 38.65 | 31.99 | 28.12 | 21.27 |
| 2 000 | 188.04 | 104.63 | 77.30 | 63.97 | 56.24 | 42.55 |
| 3 000 | 282.06 | 156.94 | 115.94 | 95.96 | 84.37 | 63.82 |
| 4 000 | 376.08 | 209.26 | 154.59 | 127.95 | 112.49 | 85.09 |
| 5 000 | 470.09 | 261.57 | 193.24 | 159.93 | 140.61 | 106.36 |
| 6 000 | 564.11 | 313.89 | 231.89 | 191.92 | 168.73 | 127.64 |
| 7 000 | 658.13 | 366.20 | 270.53 | 223.90 | 196.86 | 148.91 |
| 8 000 | 752.15 | 418.51 | 309.18 | 255.89 | 224.98 | 170.18 |
| 9 000 | 846.17 | 470.83 | 347.83 | 287.88 | 253.10 | 191.46 |
| 10 000 | 940.19 | 523.14 | 386.48 | 319.86 | 281.22 | 212.73 |
| 15 000 | 1,410.28 | 784.71 | 579.72 | 479.80 | 421.83 | 319.09 |
| 20 000 | 1,880.38 | 1,046.29 | 772.96 | 639.73 | 562.44 | 425.46 |
| 25 000 | 2,350.47 | 1,307.86 | 966.20 | 799.66 | 703.06 | 531.82 |
| 30 000 | 2,820.57 | 1,569.43 | 1,159.43 | 959.59 | 843.67 | 638.19 |
| 35 000 | 3,290.66 | 1,831.00 | 1,352.67 | 1,119.52 | 984.28 | 744.55 |
| 40 000 | 3,760.76 | 2,092.57 | 1,545.91 | 1,279.46 | 1,124.89 | 850.92 |
| 45 000 | 4,230.85 | 2,354.14 | 1,739.15 | 1,439.39 | 1,265.50 | 957.28 |
| 50 000 | 4,700.95 | 2,615.72 | 1,932.39 | 1,599.32 | 1,406.11 | 1,063.65 |
| 60 000 | 5,641.14 | 3,138.86 | 2,318.87 | 1,919.18 | 1,687.33 | 1,276.38 |
| 70 000 | 6,581.33 | 3,662.00 | 2,705.35 | 2,239.05 | 1,968.56 | 1,489.10 |
| 80 000 | 7,521.52 | 4,185.15 | 3,091.82 | 2,558.91 | 2,249.78 | 1,701.83 |
| 90 000 | 8,461.71 | 4,708.29 | 3,478.30 | 2,878.78 | 2,531.00 | 1,914.56 |
| 100 000 | 9,401.90 | 5,231.43 | 3,864.78 | 3,198.64 | 2,812.22 | 2,127.29 |

### durée du prêt (en années)

| MONTANT | 15 | 20 | 25 | 30 | 35 | 40 |
|---|---|---|---|---|---|---|
| 500 | 9.86 | 9.64 | 9.57 | 9.54 | 9.54 | 9.53 |
| 1 000 | 19.73 | 19.27 | 19.13 | 19.09 | 19.07 | 19.07 |
| 2 000 | 39.45 | 38.55 | 38.27 | 38.18 | 38.15 | 38.14 |
| 3 000 | 59.18 | 57.82 | 57.40 | 57.27 | 57.22 | 57.21 |
| 4 000 | 78.90 | 77.10 | 76.54 | 76.36 | 76.30 | 76.28 |
| 5 000 | 98.63 | 96.37 | 95.67 | 95.44 | 95.37 | 95.35 |
| 6 000 | 118.36 | 115.65 | 114.80 | 114.53 | 114.45 | 114.42 |
| 7 000 | 138.08 | 134.92 | 133.94 | 133.62 | 133.52 | 133.49 |
| 8 000 | 157.81 | 154.20 | 153.07 | 152.71 | 152.60 | 152.56 |
| 9 000 | 177.53 | 173.47 | 172.20 | 171.80 | 171.67 | 171.63 |
| 10 000 | 197.26 | 192.75 | 191.34 | 190.89 | 190.74 | 190.70 |
| 15 000 | 295.89 | 289.12 | 287.01 | 286.33 | 286.12 | 286.05 |
| 20 000 | 394.52 | 385.50 | 382.68 | 381.78 | 381.49 | 381.40 |
| 25 000 | 493.15 | 481.87 | 478.35 | 477.22 | 476.86 | 476.75 |
| 30 000 | 591.78 | 578.24 | 574.01 | 572.67 | 572.23 | 572.09 |
| 35 000 | 690.41 | 674.62 | 669.68 | 668.11 | 667.61 | 667.44 |
| 40 000 | 789.04 | 770.99 | 765.35 | 763.56 | 762.98 | 762.79 |
| 45 000 | 887.67 | 867.36 | 861.02 | 859.00 | 858.35 | 858.14 |
| 50 000 | 986.30 | 963.74 | 956.69 | 954.44 | 953.72 | 953.49 |
| 60 000 | 1,183.56 | 1,156.49 | 1,148.03 | 1,145.33 | 1,144.47 | 1,144.19 |
| 70 000 | 1,380.82 | 1,349.23 | 1,339.37 | 1,336.22 | 1,335.21 | 1,334.89 |
| 80 000 | 1,578.08 | 1,541.98 | 1,530.71 | 1,527.11 | 1,525.96 | 1,525.59 |
| 90 000 | 1,775.34 | 1,734.73 | 1,722.04 | 1,718.00 | 1,716.70 | 1,716.28 |
| 100 000 | 1,972.60 | 1,927.48 | 1,913.38 | 1,908.89 | 1,907.45 | 1,906.98 |

### durée du prêt (en années)

| MONTANT | 1 | 2 | 3 | 4 | 5 | 10 |
|---|---|---|---|---|---|---|
| 500 | 47.23 | 26.38 | 19.56 | 16.24 | 14.32 | 10.95 |
| 1 000 | 94.46 | 52.77 | 39.12 | 32.49 | 28.65 | 21.90 |
| 2 000 | 188.92 | 105.53 | 78.24 | 64.97 | 57.29 | 43.80 |
| 3 000 | 283.37 | 158.30 | 117.37 | 97.46 | 85.94 | 65.70 |
| 4 000 | 377.83 | 211.06 | 156.49 | 129.94 | 114.58 | 87.61 |
| 5 000 | 472.29 | 263.83 | 195.61 | 162.43 | 143.23 | 109.51 |
| 6 000 | 566.75 | 316.60 | 234.73 | 194.91 | 171.87 | 131.41 |
| 7 000 | 661.20 | 369.36 | 273.86 | 227.40 | 200.52 | 153.31 |
| 8 000 | 755.66 | 422.13 | 312.98 | 259.88 | 229.17 | 175.21 |
| 9 000 | 850.12 | 474.89 | 352.10 | 292.37 | 257.81 | 197.11 |
| 10 000 | 944.58 | 527.66 | 391.22 | 324.85 | 286.46 | 219.01 |
| 15 000 | 1,416.87 | 791.49 | 586.83 | 487.28 | 429.69 | 328.52 |
| 20 000 | 1,889.15 | 1,055.32 | 782.45 | 649.71 | 572.92 | 438.03 |
| 25 000 | 2,361.44 | 1,319.15 | 978.06 | 812.14 | 716.15 | 547.53 |
| 30 000 | 2,833.73 | 1,582.98 | 1,173.67 | 974.56 | 859.37 | 657.04 |
| 35 000 | 3,306.02 | 1,846.81 | 1,369.28 | 1,136.99 | 1,002.60 | 766.55 |
| 40 000 | 3,778.31 | 2,110.64 | 1,564.89 | 1,299.42 | 1,145.83 | 876.06 |
| 45 000 | 4,250.60 | 2,374.47 | 1,760.50 | 1,461.85 | 1,289.06 | 985.56 |
| 50 000 | 4,722.88 | 2,638.30 | 1,956.12 | 1,624.27 | 1,432.29 | 1,095.07 |
| 60 000 | 5,667.46 | 3,165.96 | 2,347.34 | 1,949.13 | 1,718.75 | 1,314.08 |
| 70 000 | 6,612.04 | 3,693.62 | 2,738.56 | 2,273.98 | 2,005.21 | 1,533.10 |
| 80 000 | 7,556.61 | 4,221.28 | 3,129.79 | 2,598.84 | 2,291.67 | 1,752.11 |
| 90 000 | 8,501.19 | 4,748.94 | 3,521.01 | 2,923.69 | 2,578.12 | 1,971.12 |
| 100 000 | 9,445.77 | 5,276.60 | 3,912.23 | 3,248.55 | 2,864.58 | 2,190.14 |

## PAIEMENTS MENSUELS — 25 %

### durée du prêt (en années)

| MONTANT | 15 | 20 | 25 | 30 | 35 | 40 |
|---|---|---|---|---|---|---|
| 500 | 10.21 | 10.00 | 9.94 | 9.92 | 9.91 | 9.91 |
| 1 000 | 20.42 | 20.00 | 19.88 | 19.84 | 19.83 | 19.83 |
| 2 000 | 40.84 | 40.01 | 39.76 | 39.68 | 39.66 | 39.65 |
| 3 000 | 61.26 | 60.01 | 59.64 | 59.52 | 59.49 | 59.48 |
| 4 000 | 81.68 | 80.02 | 79.52 | 79.37 | 79.32 | 79.30 |
| 5 000 | 102.10 | 100.02 | 99.40 | 99.21 | 99.15 | 99.13 |
| 6 000 | 122.52 | 120.03 | 119.28 | 119.05 | 118.98 | 118.96 |
| 7 000 | 142.95 | 140.03 | 139.16 | 138.89 | 138.81 | 138.78 |
| 8 000 | 163.37 | 160.03 | 159.04 | 158.73 | 158.64 | 158.61 |
| 9 000 | 183.79 | 180.04 | 178.92 | 178.57 | 178.47 | 178.43 |
| 10 000 | 204.21 | 200.04 | 198.80 | 198.41 | 198.30 | 198.26 |
| 15 000 | 306.31 | 300.07 | 298.19 | 297.62 | 297.40 | 297.39 |
| 20 000 | 408.42 | 400.09 | 397.59 | 396.83 | 396.59 | 396.52 |
| 25 000 | 510.52 | 500.11 | 496.99 | 496.03 | 495.74 | 495.65 |
| 30 000 | 612.62 | 600.13 | 596.39 | 595.24 | 594.89 | 594.78 |
| 35 000 | 714.73 | 700.15 | 695.78 | 694.45 | 694.04 | 693.91 |
| 40 000 | 816.83 | 800.17 | 795.18 | 793.65 | 793.19 | 793.04 |
| 45 000 | 918.94 | 900.20 | 894.58 | 892.86 | 892.33 | 892.17 |
| 50 000 | 1,021.04 | 1,000.22 | 993.98 | 992.07 | 991.48 | 991.30 |
| 60 000 | 1,225.25 | 1,200.26 | 1,192.77 | 1,190.48 | 1,189.78 | 1,189.56 |
| 70 000 | 1,429.46 | 1,400.30 | 1,391.57 | 1,388.90 | 1,388.08 | 1,387.82 |
| 80 000 | 1,633.66 | 1,600.35 | 1,590.36 | 1,587.31 | 1,586.37 | 1,586.08 |
| 90 000 | 1,837.87 | 1,800.39 | 1,789.16 | 1,785.72 | 1,784.67 | 1,784.34 |
| 100 000 | 2,042.08 | 2,000.43 | 1,987.95 | 1,984.14 | 1,982.97 | 1,982.61 |